Symbole im Mathetiger:

Anhand dieser Symbole erkennst du sofort die Art der Aufgabe:

 Diese Aufgaben entsprechen dem **Anforderungsniveau I** (Grundwissen).

 Die Aufgaben mit gelbem Ring entsprechen dem **Anforderungsniveau II** (Erkennen und Nutzen von Zusammenhängen).

Die Aufgaben mit dem Königstiger entsprechen dem **Anforderungsniveau III** (Entwickeln von Strategien, Verallgemeinern).

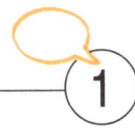 Bei der Sprechblase kannst du gemeinsam mit anderen in einer **Rechenkonferenz** nachdenken.

 Beim **Denktiger** darfst du selbst Aufgaben erfinden.

 Bei diesen Aufgaben werden **Grund-fertigkeiten** wiederholt und vertieft.

Diese Symbole bedeuten, dass du das Internet zu Hilfe nehmen kannst:

 Zu dieser Seite findest du im Internet unter **www.mathetiger-2.de** weitere passende Aufgaben, die du lösen kannst.

 Zu dieser Seite findest du im Internet unter **www.mathetiger-2.de** Aufgaben, die du für andere Schüler erstellen kannst.

 Im Internet unter **www.mathetiger-2.de** findest du interessante Links zum Sachthema dieser Seite.

Der Tigerflieger zeigt dir, mit welchem Teil der dem Buch beiliegenden CD-ROM Mathetiger Basic 2 du arbeiten kannst:

Der verrückte Apfelbaum (Anzahlen erfassen)

Raumfähre H.I.E.R. (Ordinalzahlen)

Der Fliesenleger (Parkettierungen)

Papagei Frido (Uhrzeiger einstellen)

Rennstrecke Zahlari (Zahlen sortieren)

In der Gärtnerei (Tauschaufgaben)

MATHETIGER

Autoren:

Matthias Heidenreich
Martina Kinkel-Craciunescu
Thomas Laubis

Mildenberger Verlag

Zum Mathetiger 2 gehören:

1. Schülerbuch, 112 S., mit CD-ROM Mathetiger Basic 2,   Bestell-Nr. 2505-60
   Internetplattform www.mathetiger-2.de

2. 8 Arbeitsbeilagen (gesondert lieferbar)   Bestell-Nr. 2505-62
   Beilage 1: Spielgeld
   Beilage 2: Hunderterfeld und Geldscheine
   Beilage 3: Zahlwörter
   Beilage 4: Zahlenstrahl und Löcherschablone
   Beilage 5: Lernuhr
   Beilage 6: Falthaus
   Beilage 7: Plättchen und Merkblatt
   Beilage 8: Kernaufgaben

3. Handbuch (Teil A)   Bestell-Nr. 2505-63
   im Ordner mit Register für alle Teile des Lehrgangs,
   Konzeption, Jahresplanung, Wochenplan,
   Schülerbuch mit Vorschlägen zur Umsetzung im Unterricht,
   Vorschläge zum jahrgangsgemischten Unterricht in Klasse 1 und 2

4. Handbuch (Teil B)   Bestell-Nr. 2505-64
   Kopiervorlagen, 8 Lerntheken mit je 8 Angeboten,
   8 Lernkontrollen (jeweils zwei Formen), Lösungen

   Teil B des Handbuches ist zur Einlage in den Ordner (Teil A) bestimmt.

5. Tiger-Trainer
   Arbeitsheft zur Festigung und zum produktiven Üben   Bestell-Nr. 2505-26
   Arbeitsheft zur Festigung und zum produktiven Üben,   Bestell-Nr. 2505-29
   mit Mathetiger Basic 2 (identisch mit der dem Schülerbuch beiliegenden CD-ROM)

6. 66 Transparentfolien für den Tageslichtprojektor   Bestell-Nr. 2505-25

Wenn Sie Fragen an die Autoren haben, können Sie diese über info@mathetiger.de erreichen.

Bestell-Nr. 2505-60 · ISBN 978-3-619-25560-3
© 2011 Mildenberger Verlag GmbH, 77652 Offenburg
Internetadresse: www.mildenberger-verlag.de
E-Mail: info@mildenberger-verlag.de

Auflage	5	4	3	2
Jahr	2016	2015	2014	2013

Bildquellenverzeichnis

S. 66 – Raku-Keramik mit freundlicher Genehmigung von Gerhard Schwarz, Stühlingen

S. 80 – © 2011 The M. C. Escher Company, Baarn/ Holland.

S. 108 – Adam Ries mit freundlicher Genehmigung des Adam-Ries-Museums in Annaberg-Buchholz

Bezugsmöglichkeiten
Alle Titel des Mildenberger Verlags erhalten Sie unter: www.mildenberger-verlag.de oder im Buchhandel.
Jede Buchhandlung kann alle Titel direkt über den Mildenberger Verlag beziehen.
Ausnahmen kann es bei Titeln mit Lösungen geben: Hinweise hierzu finden Sie in unserem aktuellen Gesamtprogramm.

Layout und Illustrationen: Judith Heusch, 79362 Forchheim
Umschlaggestaltung und Fotos: Karlheinz Arian Kolster, 79822 Titisee-Neustadt

Druck und Bindung: aprinta Druck GmbH & Co. KG, 86650 Wemding
Gedruckt auf umweltfreundlichen Papieren

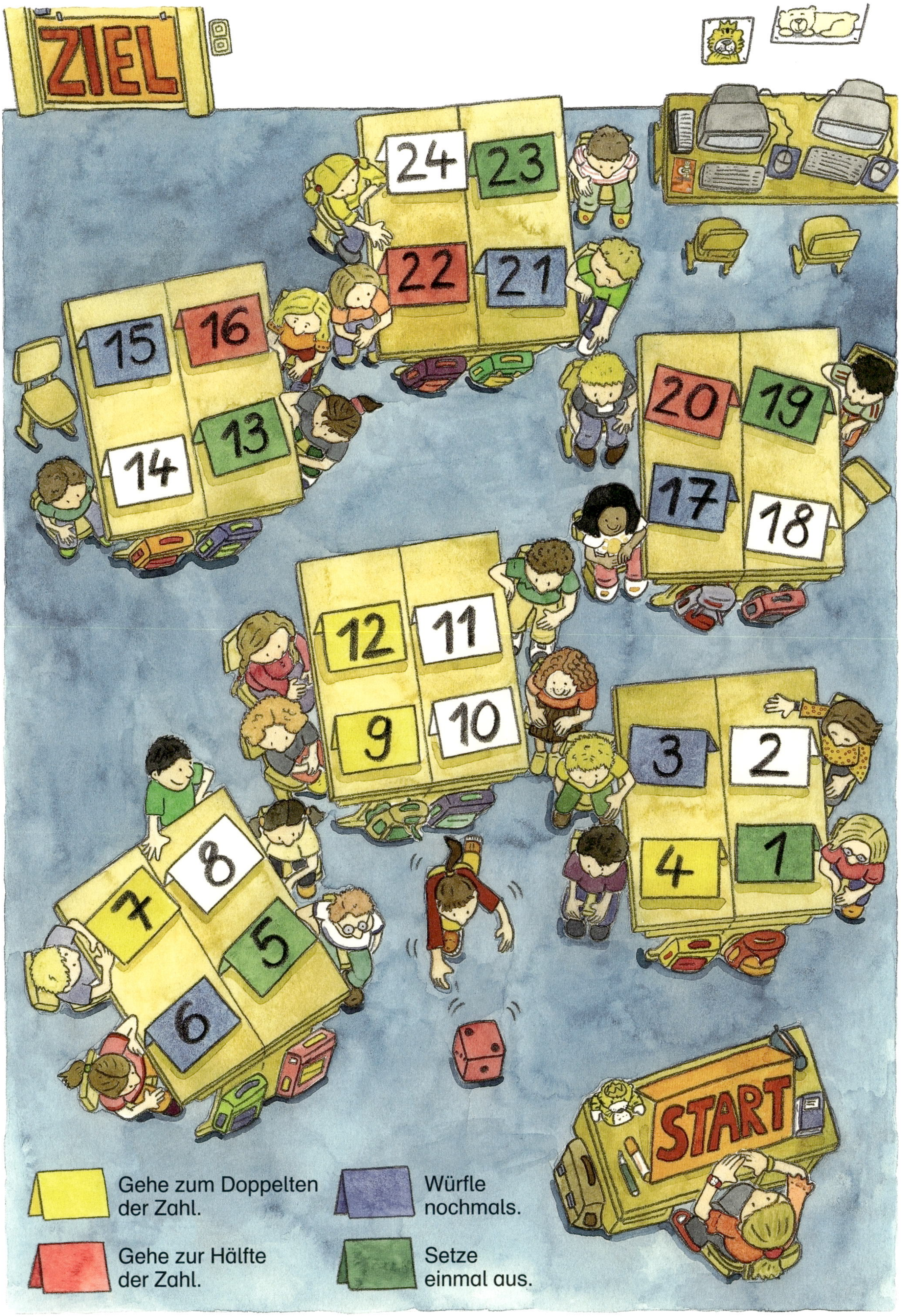

Gehe zum Doppelten der Zahl.

Gehe zur Hälfte der Zahl.

Würfle nochmals.

Setze einmal aus.

Spiel für 2 bis 3 Kinder: Würfeln und mit dem Spielstein der Zahlenfolge entlangfahren. Dabei die Anweisungen der Farbfelder befolgen.

3

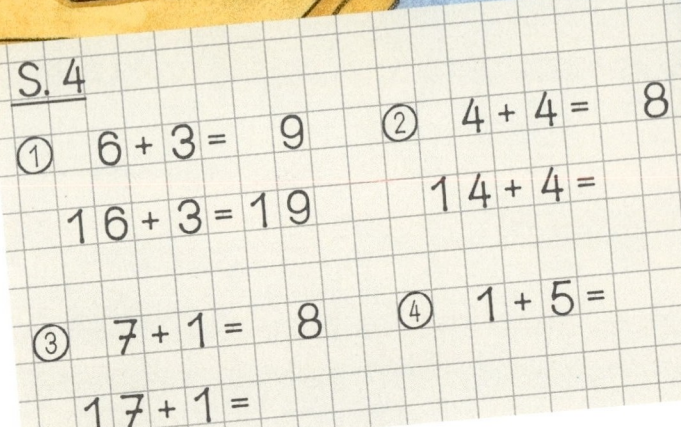

S. 4

① 6 + 3 = 9   ② 4 + 4 = 8

16 + 3 = 19   14 + 4 =

③ 7 + 1 = 8   ④ 1 + 5 =

17 + 1 =

① 6 + 3 =   ② 4 + 4 =

16 + 3 =   14 + 4 =

③ 7 + 1 =   ④ 1 + 5 =

17 + 1 =   11 + 5 =

⑤ 10 − 5 =   ⑥ 7 − 4 =   ⑦ 8 − 7 =   ⑧ 9 − 6 =

20 − 5 =   17 − 4 =   18 − 7 =   19 − 6 =

4 < 9

4 ist kleiner als 9.

13 > 7

13 ist größer als 7.

18 = 18

18 ist gleich 18.

⑨ 7 ◯ 5   ⑩ 12 ◯ 16   ⑪ 12 + 5 ◯ 16   ⑫ 18 − 2 ◯ 15

2 ◯ 8   15 ◯ 15   11 + 5 ◯ 16   19 − 6 ◯ 15

9 ◯ 4   17 ◯ 9   10 + 5 ◯ 16   16 − 1 ◯ 15

6 ◯ 6   11 ◯ 12   9 + 7 ◯ 16   14 − 3 ◯ 15

3 ◯ 7   0 ◯ 10   13 + 4 ◯ 16   17 − 2 ◯ 15

Übertrage die Muster ins Heft und setze sie fort.

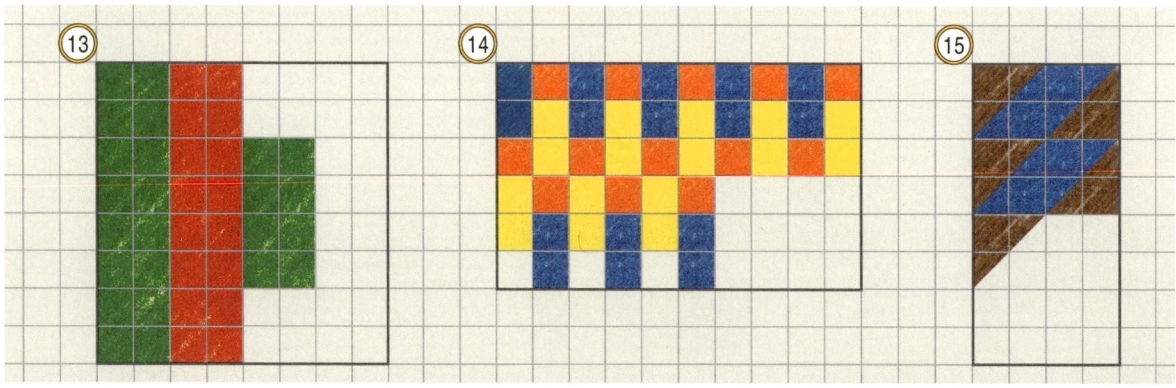

① 2 + 4 =
3 + 4 =
4 + 4 =
…

② 1 + 3 =
2 + 3 =
3 + 3 =
…

③ 9 − 2 =
8 − 2 =
7 − 2 =
…

④ 8 − 0 =
7 − 0 =
6 − 0 =
…

⑤ 9 − 3 =
9 − 4 =
9 − 5 =
…

⑥ 5 + 0 =
5 + 1 =
5 + 2 =
…

⑦ 0 + ☐ = 10
1 + ☐ = 9
2 + ☐ = 8
…

⑧ 9 − ☐ = 2
9 − ☐ = 3
9 − ☐ = 4
…

⑨ ☐ + 7 = 10
☐ + 6 = 10
☐ + 5 = 10
…

⑩ ☐ − 8 = 0
☐ − 7 = 1
☐ − 6 = 2
…

⑪ 10 + 1 =
10 + 2 =
10 + 3 =
…

⑫ 11 + 2 =
11 + 3 =
11 + 4 =
…

⑬ 20 − 2 =
20 − 3 =
20 − 4 =
…

⑭ 19 − 1 =
19 − 2 =
19 − 3 =
…

⑮ 10 + 20 =
20 + 30 =
30 + 40 =
…

⑯ 100 − 80 =
90 − 70 =
80 − 60 =
…

Finde immer 4 Aufgaben.

8 + 5 = 13   5 + 8 = 13

13 − 8 = 5   13 − 5 = 8

⑰ 9   6   15

⑱ 7   17   10

⑲ 4   12   ?

⑳ 50   90   40

㉑ 30   70   ?

㉒   ㉓   ㉔

Rechne zuerst bis 10.

① 5 + 9 =
5 + 5 + 4 =

② 7 + 5 =
7 + 3 + 2 =

③ 6 + 9 =
6 + 4 + □ =

④ 3 + 8 =
3 + □ + □ =

⑤ 9 + 6 =
9 + □ + □ =

⑥ 4 + 7 =
4 + □ + □ =

⑦ 7 + 4 =
7 + □ + □ =

⑧ 4 + 8 =
4 + □ + □ =

⑨ 3 + 9 =
3 + □ + □ =

⑩ 5 + 6 =
5 + □ + □ =

⑪ 11 − 6 =
11 − 1 − 5 =

⑫ 15 − 7 =
15 − 5 − 2 =

⑬ 12 − 9 =
12 − □ − □ =

⑭ 14 − 8 =
14 − □ − □ =

⑮ 12 − 5 =
12 − □ − □ =

⑯ 14 − 5 =
14 − □ − □ =

⑰ 16 − 9 =
16 − □ − □ =

⑱ 13 − 8 =
13 − □ − □ =

⑲ 15 − 9 =
15 − □ − □ =

⑳ 11 − 4 =
11 − □ − □ =

Rechne so weit du kannst.

㉑ 7 + 3 =
7 + 4 =
7 + 5 =
…

㉒ 12 − 2 =
12 − 3 =
12 − 4 =
…

㉓ 8 + 2 =
8 + 4 =
8 + 6 =
…

㉔ 14 − 4 =
14 − 6 =
14 − 8 =
…

㉕ 5 + 5 =
5 + 8 =
5 + 11 =
…

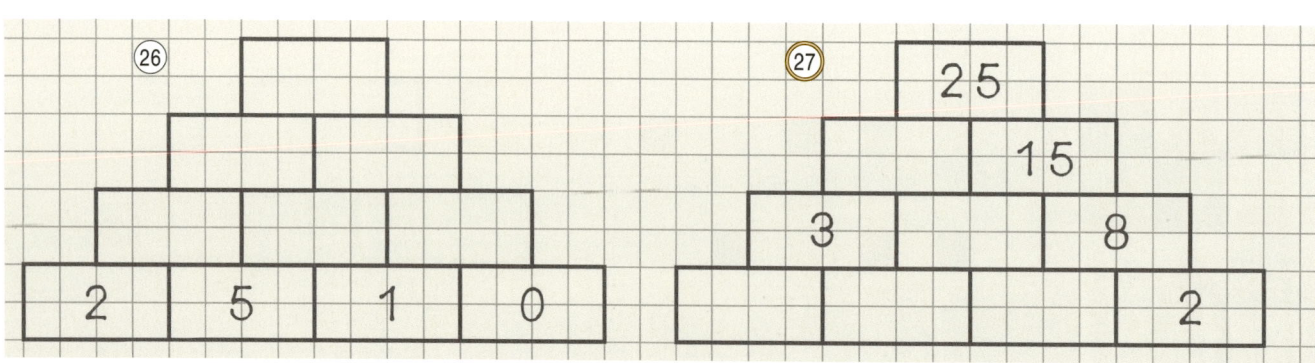

㉖

㉗

25

15

3

8

2

5

1

0

2

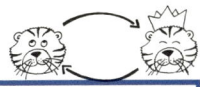

Rechne die Umkehraufgaben.

① +3 / −3   ② +8   ③ −6   ④ −7

□ 7   □ 11   □ 12   □ 10

□ + 3 = 7   □ + 8 = 11   □ − 6 = 12   □ − 7 = 10

7 − 3 = □   11 − 8 = □   12 + 6 = □   10 + 7 = □

⑤ □ + 4 = 9   ⑥ □ + 6 = 12   ⑦ □ − 8 = 3   ⑧ □ − 7 = 6   ⑨ □ − 9 = 7
  9 − 4 = □   12 − 6 = □   3 + 8 = □   6 + 7 = □   7 + 9 = □

Rechne zuerst die Umkehraufgabe.

⑩ □ + 8 = 15   ⑪ □ − 6 = 8   ⑫ □ + 4 = 13
  □ + 5 = 12   □ − 9 = 4   □ − 8 = 12
  □ + 9 = 14   □ − 7 = 8   □ + 6 = 13
  □ + 7 = 16   □ − 5 = 7   □ − 9 = 8

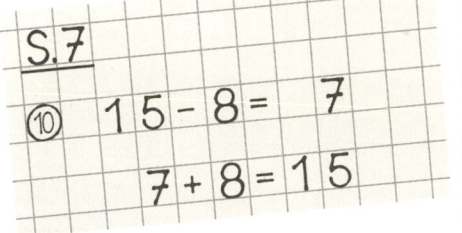

S.7
⑩ 15 − 8 = 7
    7 + 8 = 15

Tauschaufgaben können beim Lösen helfen.

⑬ 2 + 9 =   ⑭ 4 + 12 =   ⑮ 5 + 8 =   ⑯ 6 + 13 =   ⑰ 3 + 17 =
  9 + 2 =   12 + □ =   8 + □ =   13 + □ =   17 + □ =

⑱ 5 + 7 =   ⑲ 6 + 9 =   ⑳ 2 + 15 =   ㉑ 8 + 11 =   ㉒ 4 + 13 =
  3 + 8 =   7 + 12 =   9 + 11 =   6 + 14 =   5 + 9 =
  2 + 18 =   3 + 14 =   4 + 15 =   5 + 6 =   6 + 7 =

㉓ 12 / 8 / 4 / 0

㉔ 15 / 7 / 4 / 3

㉕ 50 / 10 / 20 / 0

㉖ 100 / 30 / 20 / 10

① 8 + 9 =
9 + 8 =
9 + 9 =
10 + 9 =
9 + 10 =

② 15 − 8 =
16 − 7 =
16 − 8 =
17 − 8 =
16 − 9 =

Finde zu jeder Aufgabe ihre 4 Nachbaraufgaben.

③ 4 + 4 =
④ 7 + 7 =
⑤ 6 + 6 =
⑥ 12 − 6 =
⑦ 18 − 9 =

⑧ 8 + 8 =
⑨ 5 + 5 =
⑩ 10 − 5 =
⑪ 20 − 10 =
⑫ 14 − 7 =

⑬ 10 + 10 =
⑭ 3 + 3 =
⑮ 6 − 3 =
⑯ 8 − 4 =
⑰ 22 − 11 =

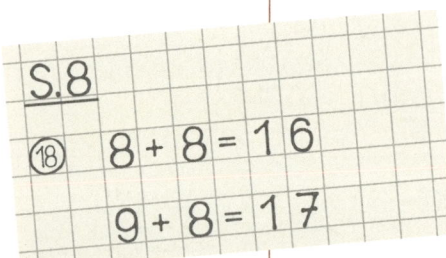

S.8
⑱ 8 + 8 = 16
9 + 8 = 17

Finde zuerst eine leichte Nachbaraufgabe.

⑱ 9 + 8 =
㉑ 17 − 8 =
㉔ 4 + 3 =

⑲ 15 − 7 =
㉒ 7 + 6 =
㉕ 19 − 9 =

⑳ 6 + 5 =
㉓ 16 − 9 =
㉖ 8 + 7 =

㉗ +	5	3	6	4	7
4					
14					
2					
12					
7					
17					

㉘ −	7	6	4	2	0
9					
19					
7					
17					
8					
18					

①

② 30 > 20

70 ◯ 90

50 ◯ 80

③ 10 ◯ 100

40 ◯ 20

60 ◯ 80

④ 20 < ☐

90 > ☐

30 = ☐

⑤ ☐ > 40

☐ < 70

☐ > 10

⑥ 40 + 20 =

10 + 70 =

30 + 60 =

⑦ 80 − 60 =

50 − 30 =

70 − 40 =

⑧ 60 + 20 =

50 + 30 =

40 + 40 =

⑨ 90 − 30 =

60 − 40 =

50 − 50 =

⑩ 10 + 20 + 30 =

80 − 10 − 40 =

50 + 30 + 10 =

⑪ 30 + ☐ = 90

10 + ☐ = 80

40 + ☐ = 70

⑫ 60 − ☐ = 10

70 − ☐ = 20

80 − ☐ = 30

⑬ ☐ + 20 = 40

☐ + 70 = 90

☐ + 50 = 100

⑭ ☐ − 40 = 10

☐ − 60 = 30

☐ − 80 = 20

⑮

+	60	30	40	20
30				
10				
40				
20				

⑯

−	50	20	60	40
90				
70				
80				
60				

⑰

+	1	4	6	9
20				
50				
70				
90				

Im Schreibwarenladen

Preisschilder (Regal oben):
- 7 Buntstifte 6.- €
- 7 Wachsstifte 8.- €
- Wasserfarb-kasten 7.- €
- Locher 4.- €

Preisschilder (Regal unten):
- Schreiblern-Füller 12.- €
- Lineal 2.- €
- Mäppchen 20.- €
- Schultasche 80.- €
- 5er-Pack Hefte 1,50 €
- Ordner 3.- €

> Nicht vergessen:
> Frage, Rechnung,
> Antwort!

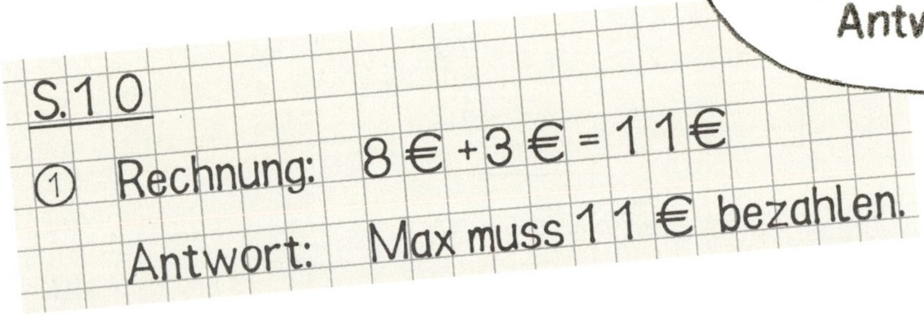

S. 10

① Rechnung: 8 € + 3 € = 11 €

Antwort: Max muss 11 € bezahlen.

① Max kauft Wachsstifte und einen Ordner.
Wie viel Euro muss Max bezahlen?

② Thea kauft einen Füller und einen Wasserfarbkasten.
Wie viel Euro muss Thea bezahlen?

③ Lukas kauft Buntstifte, ein Lineal und einen Wasserfarbkasten.
Wie viel Euro muss Lukas bezahlen?

④ Tina kauft Buntstifte, einen Füller und einen Ordner. Wie viel Euro muss Tina bezahlen?

⑤ Wie viel kosten eine Schultasche und zwei Ordner zusammen?

⑥ Lisa kauft einen Locher, ein Lineal und zehn Hefte.
Sie bezahlt mit 10 €.

⑦ Furkan kauft Wachsstifte, einen Locher und ein Lineal.
Er bezahlt mit 20 €.

⑧ Paul hat für genau 20 € eingekauft.
Was könnte er gekauft haben?

⑨ Oma hat 100 € dabei. Sie will für Sabine eine neue Schultasche, einen Füller, einen Locher, einen Ordner und ein Lineal kaufen.
Reicht das Geld?

⑩ Erfinde weitere Aufgaben.

① bis ⑤ Je nach Schreibfertigkeit nur die Rechnungen aufschreiben
⑥ und ⑦ Je eine passende Frage formulieren

Die Grundformen Kreis, Quadrat, Dreieck und Rechteck

...hat keine Ecken und eine gerade Seite.

...ist rund.

...hat 5 gleich lange Seiten und 3 Ecken.

...hat 3 Seiten.

...hat keine Ecke.

...sind die gegenüberliegenden Seiten gleich lang.

...sind alle Seiten gleich lang.

...hat 4 Ecken.

...hat 3 Ecken.

...hat spitze Ecken.

...sind alle 6 Seiten gleich lang.

① Beschreibt die Grundformen. Manche Satzteile helfen euch dabei.

② Immer zwei Teile gehören zusammen. Welche Formen bilden sie?
   Schreibe so: 1 und 6: Kreis

③ Wie viele Quadrate sind hier versteckt?   ④ Wie viele Dreiecke sind hier versteckt?

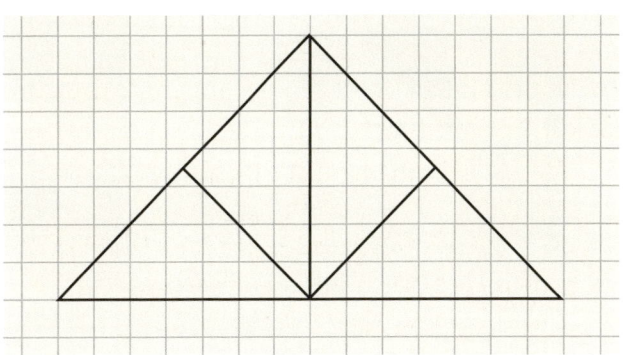

⑤ Zeichne eigene „Versteck-Figuren".

① In welche Lücken passen die Teile?

Schreibe so: 1 D, 2 …

Zeichne die Muster und Ornamente in dein Heft.

② ③

④

⑤ ⑥ ⑦

🐯
⑧ Erfinde eigene Muster mit Dreiecken, Quadraten, Rechtecken und Kreisen.

① Sammelt alles, was mit Zahlen zu tun hat. Baut eine Zahlenausstellung auf.

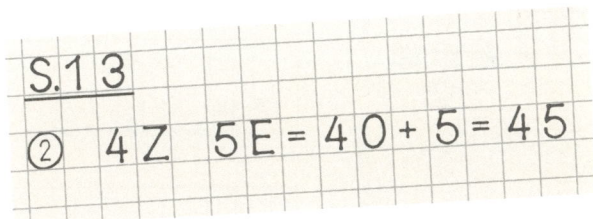

S.13

② 4Z 5E = 40 + 5 = 45

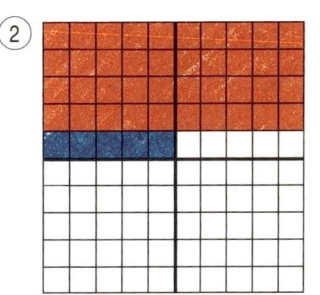 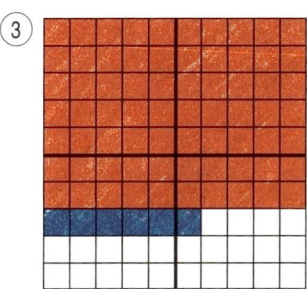

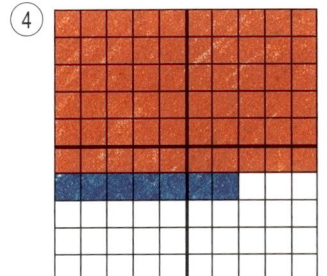 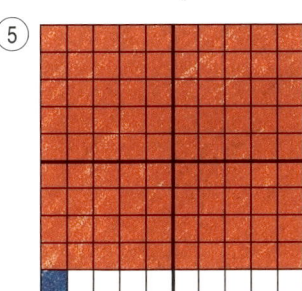 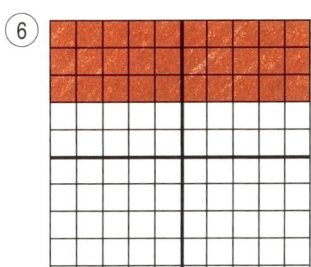 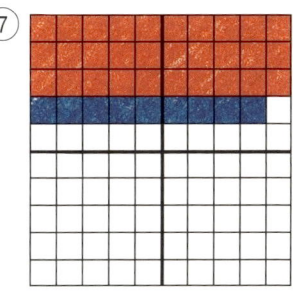

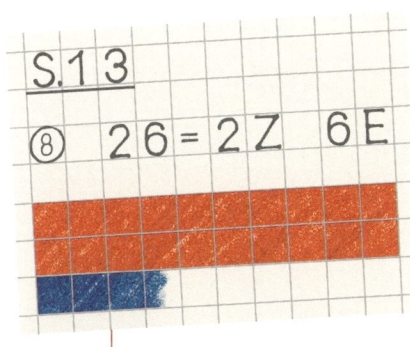

S.13

⑧ 26 = 2Z 6E

Schreibe und zeichne.

⑧ 26	⑪ 8	⑭ 64	⑰ 50
⑨ 47	⑫ 83	⑮ 71	⑱ 18
⑩ 80	⑬ 95	⑯ 32	⑲ 65

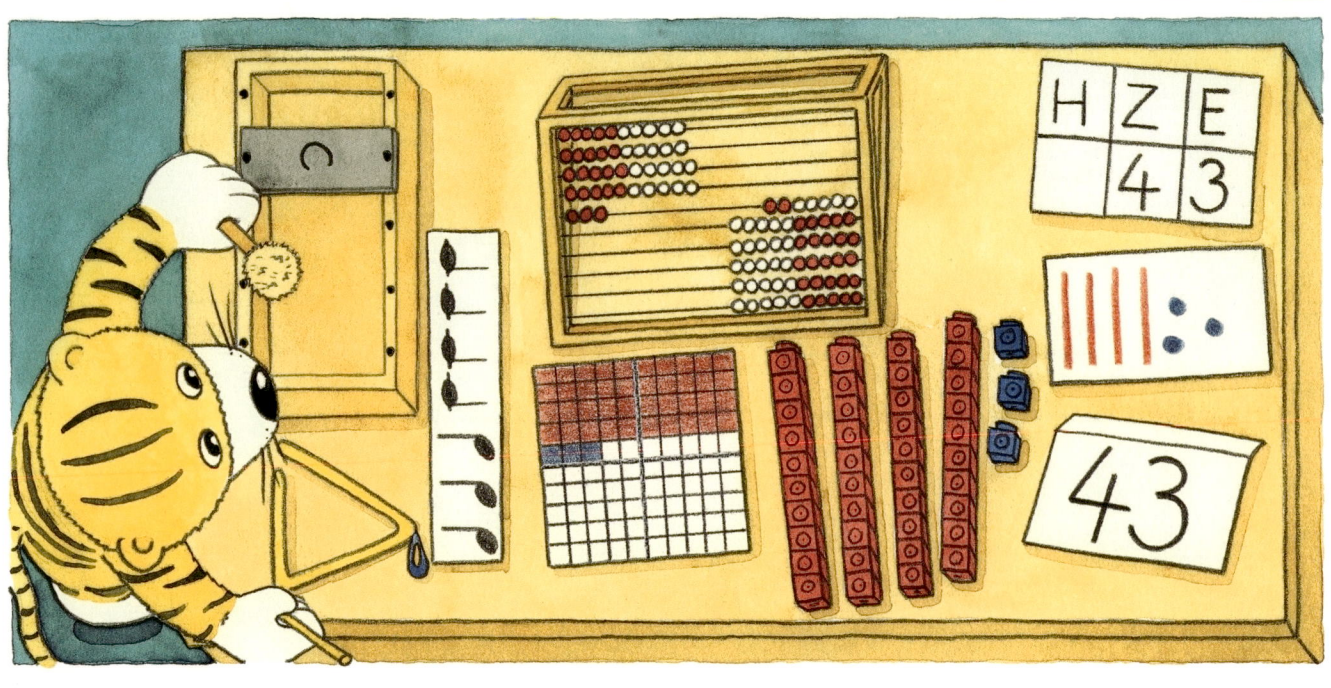

Welche Zahlen sind dargestellt?

① ② ③ ④

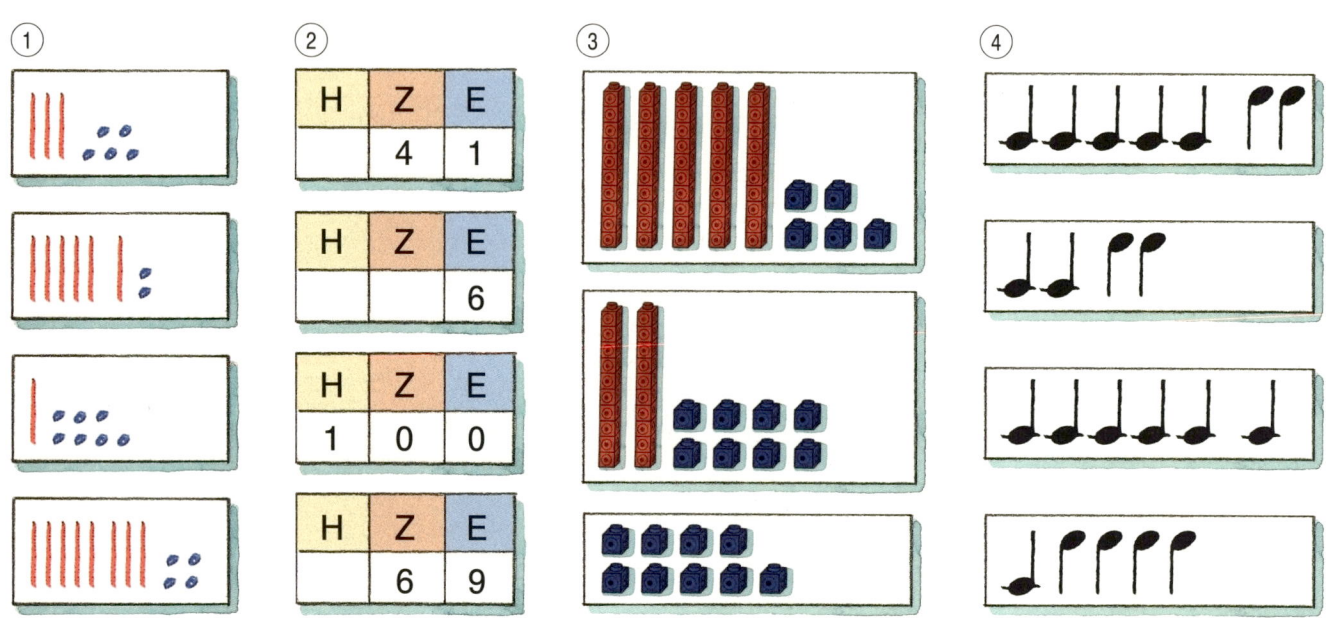

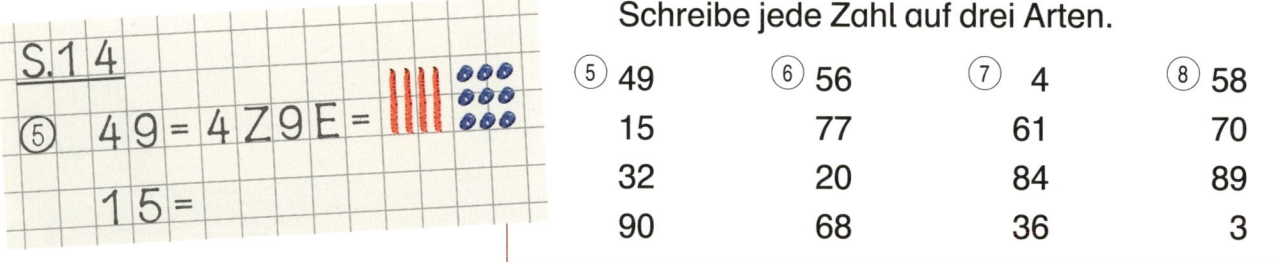

Schreibe jede Zahl auf drei Arten.

⑤	⑥	⑦	⑧
49	56	4	58
15	77	61	70
32	20	84	89
90	68	36	3

Ordne die Zahlen der Größe nach. Verwende >.

⑨ 30, 20, 60, 40   ⑪ 23, 13, 3, 53   ⑬ 90, 36, 63, 9   ⑮ 47, 53, 35, 74

⑩ 36, 31, 30, 34   ⑫ 18, 38, 28, 98   ⑭ 24, 41, 14, 42   ⑯ 69, 99, 96, 66

Wir lesen Zahlen

Lies diese Zahlen, zeige sie an der Rechenmaschine.
Schreibe einige Zahlen so ins Heft: achtundfünfzig = 50 + 8 = 58

① ein und siebzig
   sieben und dreißig
   sechs und vierzig
   vier und sechzig

② sieben und zwanzig
   zwei und siebzig
   sieben und achtzig
   acht und siebzig

③ fünf und siebzig
   sieben und fünfzig
   acht und dreißig
   drei und achtzig

Partnerarbeit

Legt die Zahlwörter (Beilage 3).

④ 54	⑤ 52	⑥ 40	⑦ 93	⑧ 33	⑨ 100
45	25	68	61	55	110
63	78	86	42	66	153
36	87	59	74	88	200

Wie viele Zahlen kannst du bilden? Schreibe sie mit Ziffern ins Heft.

Hier stimmt etwas nicht. Wie heißen die richtigen Zahlen?

⑫ zwei und zehn   ⑬ null und dreißig   ⑭ sechs und zehn

Rechenmaschine und Hunderterfeld

Partnerarbeit

Der Partner kontrolliert:

① Lest die Zahlen im Hunderterfeld von links nach rechts ⟶.
Schreibt einige Zeilen auf.

② Lest die Zahlen von oben nach unten ⬇. Was fällt auf?
Schreibt einige Spalten auf.

③ Übt das Zahlenlesen auch so:

⟵ von rechts nach links,

⬊ von links oben nach rechts unten,

⬈ von links unten nach rechts oben.

④ Findet weitere Möglichkeiten.

Zeigt diese Zahlen am Hunderterfeld und schiebt
sie an der Rechenmaschine. Was fällt euch auf?

⑤ 1, 11, 21, 51, 81

⑥ 10, 20, 30, 60, 100

⑦ 7, 17, 47, 57, 77

⑧ 99, 79, 59, 39, 19

⑨ 51, 52, 53, 54, 55

⑩ 70, 69, 68, 67, 66

⑪ Partnerspiel

Würfle mit zwei Zehnerwürfeln.
Bilde eine Zahl und lies sie vor.
Färbe diese Zahl in einem Hunderter-
feld mit deiner Farbe. Nun ist dein
Partner dran. Wer schafft die höchste
Zahl nach 10 Runden?

1	2	3	4	5	6	7	8	9	10
11	12	13	14	15	16	17	18	19	20
21	22	23	24	25	26	27	28	29	30
31	32	33	34	35	36	37	38	39	40
41	42	43	44	45	46	47	48	49	50
51	52	53	54	55	56	57	58	59	60
61	62	63	64	65	66	67	68	69	70
71	72	73	74	75	76	77	78	79	80
81	82	83	84	85	86	87	88	89	90
91	92	93	94	95	96	97	98	99	100

Die Pfeile bedeuten:

↑ ein Feld nach oben

↓ ein Feld nach unten

← ein Feld nach links

→ ein Feld nach rechts

Fahre mit einem Spielstein auf dem Hunderterfeld.
Schreibe die Zielzahl auf.

① Start: 91 ↑↑ →→ ↑↑ →→ Ziel: ☐

② Start: 56 ↓↓ ←←←← ↑↑ Ziel: ☐

③ Start: 1 →→→→ ↓↓↓↓ →→→ Ziel: ☐

④ Start: 50 ↑↑↑ ←←← ↑ →→→ Ziel: ☐

⑤ Start: 72 ← ↑↑↑ →→→ ↑↑↑↑ Ziel: ☐

⑥ Start: 39 ↓↓↓ ←← ↓↓ →→ ↓ Ziel: ☐

Schreibe Wege auf.
Es gibt viele Möglichkeiten.

⑦ Start: 31 Ziel: 13

⑧ Start: 10 Ziel: 53

⑨ Start: 36 Ziel: 78

⑩ Start: 66 Ziel: 99

⑪ Start: 100 Ziel: 33

⑫ Start: 1 Ziel: 100

S. 17

⑦ Start: 3 1 →→ ↑↑ Ziel: 13

⑬ **Partnerarbeit**

Nenne deinem Partner eine Startzahl und beschreibe einen Weg.
Findet er die richtige Zielzahl?

⑭ Fertige mit der Kopiervorlage
ein Hunderterbüchlein an
und löse die Aufgaben.

⑭ Die Aufgaben zum Hunderterbüchlein befinden sich bei der Kopiervorlage.

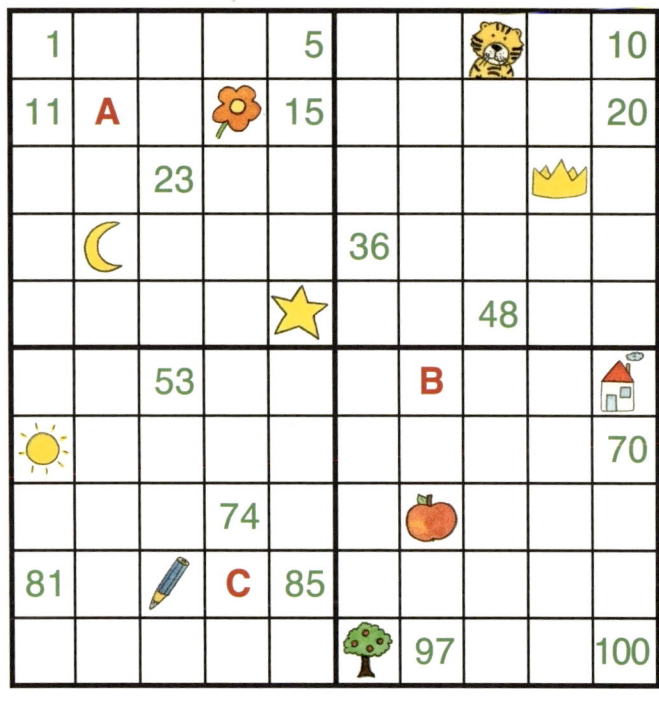

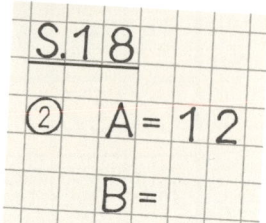

① **Partnerarbeit**
Dein Partner nennt ein Zeichen.
Du sagst, welche Zahl an dieser
Stelle stehen müsste.
Dein Partner kontrolliert mit dem
Hunderterfeld (Beilage 2).
Dann wird gewechselt.

② Welche Zahlen
stehen bei den
Buchstaben A,
B und C?

Schreibe die Zahlen auf, die bei den Buchstaben D bis Q stehen müssten.

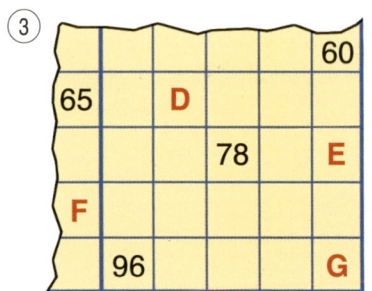

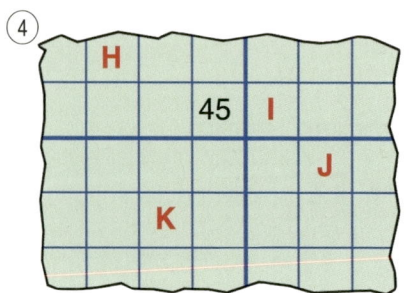

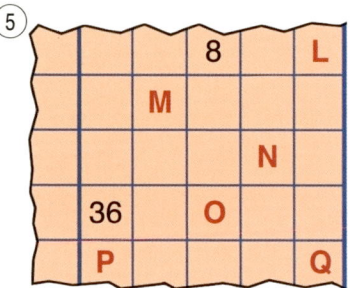

Schreibe die Zahlen, die bei den Buchstaben stehen
müssten, der Größe nach auf (Aufgaben 6 bis 9).
Schreibe dann die Buchstaben darunter.
Wie heißen die vier Wörter?

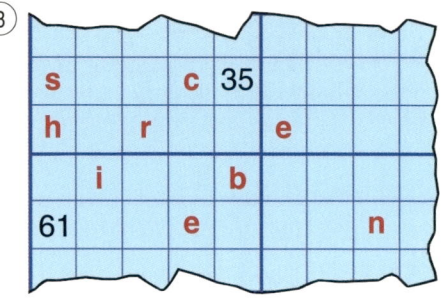

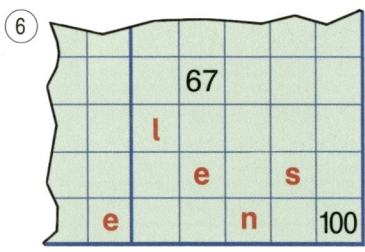

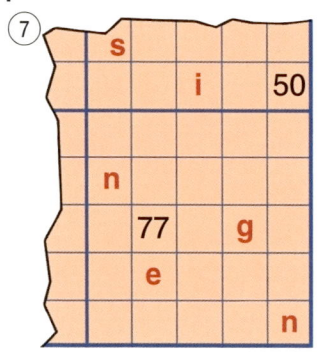

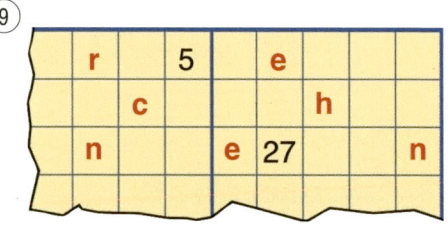

Welche Zahl steht im Hunderterfeld …

⑩ … über 44?
… links neben 80?

⑪ … links neben 34?
… unter 45?

⑫ … unter 89?
… rechts neben 59?

⑬ … über 87?
… rechts neben 65?

Schreibe die fehlenden Nachbarn auf.

① ? 18 ?
? 89 ?
68 ? ?
? ? 43
? ? 100

② ? 50 ?
? 27 ? ?
31 ? ?
? ? 100

③ ? ?
42
? ?
?
100 ?
79
?

Schreibe die Tabellen ins Heft.
V = Vorgänger, N = Nachfolger

④

V	Zahl	N
	53	
	39	
	27	
	6	
	82	
	99	

⑤

V	Zahl	N
	30	
	40	
	60	
	70	
	80	
	90	

⑥

V	Zahl	N
	10	
		43
		79
40		
		81
29		

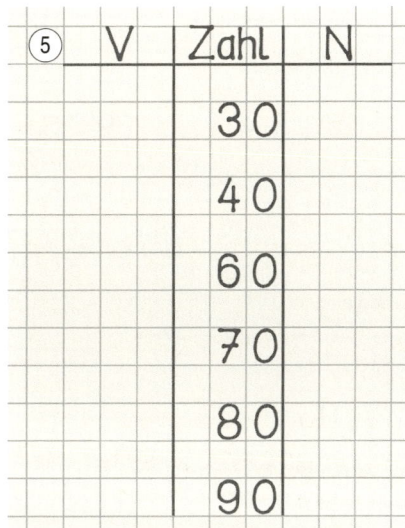

S.19
⑦ 10 < 17 < 20
20 < 26 <

Suche jeweils die beiden Nachbarzehner.

⑦	⑧	⑨	⑩
17	39	6	50
26	55	66	70
41	72	46	80
83	98	36	30

Zum Zehner hin, vom Zehner weg. Zeige die Rechnungen am Hunderterfeld.

⑪ 16 + ☐ = 20
57 + ☐ = 60
33 + ☐ = 40
68 + ☐ = 70

⑫ 80 + 5 =
20 + 7 =
50 + 5 =
90 + 9 =

⑬ 60 − 4 =
90 − 3 =
100 − 8 =
40 − 6 =

⑭ 44 − ☐ = 40
86 − ☐ = 80
79 − ☐ = ☐
37 − ☐ = ☐

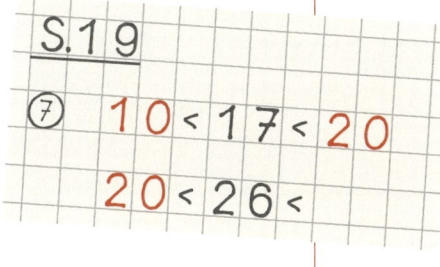

① 3 + 4 =
13 + 4 =
23 + 4 =
33 + 4 =
…

② 9 – 3 =
19 – 3 =
29 – 3 =
39 – 3 =
…

③ 2 + 5 =
22 + 5 =
42 + 5 =
62 + 5 =
…

④ 9 – 8 =
29 – 8 =
49 – 8 =
69 – 8 =
…

⑤ 1 + 4 =
11 + 4 =
31 + 4 =
51 + 4 =
…

⑥ 8 – 6 =
18 – 6 =
38 – 6 =
58 – 6 =
…

⑦ In der Klasse 2a sind
11 Mädchen und 9 Jungen.

⑧ In der Klasse 2b sind 26 Kinder.
Heute fehlen 4 Kinder.

⑨ In der Klasse 2c sind 24 Kinder.
Die Hälfte davon sind Mädchen.

⑩ In der Klasse 2d sind 14 Jungen
und genauso viele Mädchen.

⑪ In der Klasse 2c spielen 13 Kinder
ein Instrument.

⑫ Erfinde Aufgaben, die zu
deiner Klasse passen.

⑬ 27 + 3 =
54 + 6 =
75 + 5 =
81 + 9 =
98 + 2 =

⑭ 24 + 2 =
52 + 5 =
73 + 4 =
91 + 1 =
93 + 6 =

⑮ 34 – 4 =
72 – 2 =
56 – 6 =
83 – 3 =
67 – 7 =

⑯ 95 – 4 =
76 – 3 =
49 – 7 =
27 – 3 =
18 – 5 =

⑰ 62 + 7 =
28 – 6 =
83 + 5 =
47 – 4 =
36 + 2 =

⑱ 30 + 9 =
70 – 8 =
10 + 7 =
50 – 6 =
80 + 5 =

⑲ 32 + □ = 36
65 + □ = 68
48 + □ = 50
92 + □ = 97
73 + □ = 79

⑳ 61 + □ = 70
39 + □ = 40
44 + □ = 48
70 + □ = 75
57 + □ = 58

㉑ 87 – □ = 81
54 – □ = 52
79 – □ = 76
15 – □ = 11
28 – □ = 23

㉒ 84 – □ = 80
59 – □ = 50
60 – □ = 53
90 – □ = 82
46 – □ = 40

1 Erklärt die Bilder und die Rechnungen.

Finde Rechnungen zu den Bildern.

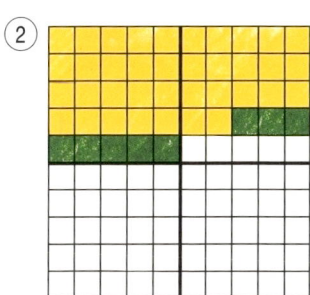
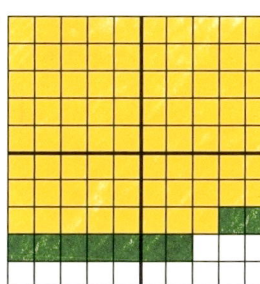
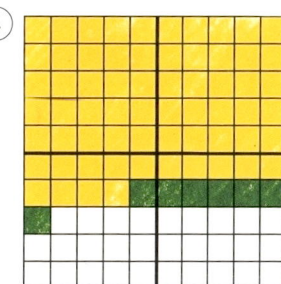
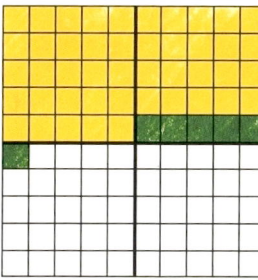

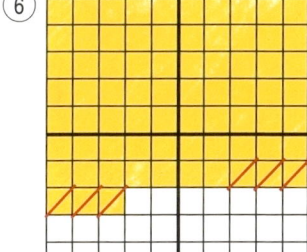
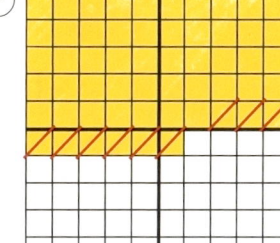
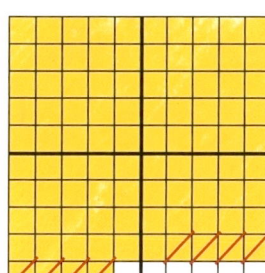
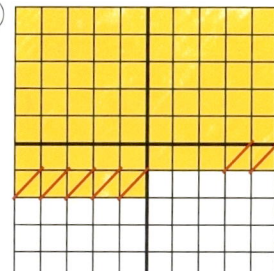

Zeichne zu einigen Aufgaben und rechne wie im Beispiel oben.

10 38 + 6 =	11 47 + 5 =	12 82 + 9 =	13 74 – 8 =	14 62 – 4 =	15 92 – 5 =
65 + 9 =	86 + 7 =	17 + 8 =	51 – 3 =	93 – 6 =	31 – 2 =
24 + 8 =	59 + 4 =	26 + 7 =	46 – 9 =	35 – 7 =	72 – 9 =

Finde weitere Aufgaben.

16 8 + 7 =	17 6 + 8 =	18 5 + 9 =	19 11 – 6 =	20 13 – 5 =	21 14 – 8 =
18 + 7 =	16 + 8 =	15 + 9 =	21 – 6 =	23 – 5 =	24 – 8 =
28 + 7 =	26 + 8 =	25 + 9 =	31 – 6 =	33 – 5 =	34 – 8 =
38 + 7 =	36 + 8 =	35 + 9 =	41 – 6 =	43 – 5 =	44 – 8 =
…	…	…	…	…	…

① Der Bauer besitzt 29 Schafe und 6 Lämmer. Wie viele Tiere sind das zusammen?

② Auf der Weide sind 56 Kühe. 8 Kühe gehen gerade in den Stall. Wie viele Kühe sind noch auf der Weide?

③ Am Montag wurden 48 Liter Milch gekauft. Am Dienstag waren es 9 Liter mehr. Wie viele Liter wurden am Dienstag gekauft?

④ Im Hühnerstall gackern 37 Hühner und krähen 5 Hähne.

⑤ Letzte Woche haben die Hühner 63 Eier gelegt. Diese Woche sind es 7 Eier weniger.

⑥ Die Bäuerin züchtet Hasen. Sie hat 15 weiße Hasen, 10 braune Hasen und 8 schwarze Hasen.

Welche Tiere haben sich im Hunderterfeld versteckt?

1	W		5			O		Z
	K	E			B		I	
		S				U		30
	A	R			L		C	
				46	F			
	J	D						
62					T		G	
		H			77			
					M		P	
N		94						

⑦ Aus meiner Milch kann man Käse machen. Ich bin die **10 19 14 68 14**.

⑧ Wenn ich groß bin, kannst du auf mir reiten. Ich bin das **47 8 73 36 14 91**.

⑨ Mein Fell ist weiß, weich und lockig. So heiße ich: **23 39 73 32 47**.

⑩ Wenn du keinen Wecker hast, wecke ich dich. Ich bin der **73 32 73 91**.

⑪ Der Schornsteinfeger und ich bringen dir Glück. Ich bin das **23 39 73 3 14 19 91**.

⑫ Früher habe ich die Arbeit des Traktors getan. Ich bin das **88 47 14 34 54**.

⑬ Später gebe ich viel Milch. Ich bin das **12 32 36 16**.

⑭ Ich bewache den ganzen Hof. Ich bin der **73 8 47 73 28 91 54**.

① bis ③ Je nach Schreibfertigkeit nur die Rechnungen aufschreiben
④ bis ⑥ Je eine passende Frage formulieren

Schreibe jede Zahldarstellung auf drei weitere Arten.

①  =

② 5 Z 8 E =

9 Z 0 E =

3 Z 1 E =

7 Z 5 E =

③ 85 =

49 =

72 =

66 =

④ achtunddreißig =

sechsundneunzig =

dreiundachtzig =

zwölf =

Welche Zahlen müssten bei den Buchstaben stehen?

⑤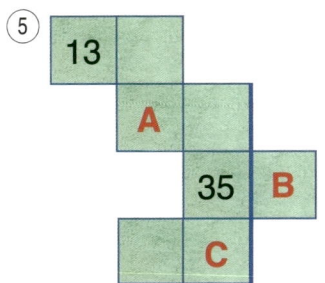

13

A

35 B

C

⑥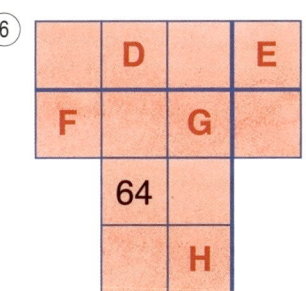

D E

F G

64

H

⑦ Wie viele Quadrate?
Wie viele Rechtecke?

⑧ Welche Zahl steht im Hunderterfeld

… links neben 79?   … rechts neben 79?

… rechts neben 61?   … links neben 28?

… über 100?   … unter 57?

… unter 32?   … über 64?

… neben 91?   … neben 60?

… über 45?   … unter 1?

⑨

Vorgänger	Zahl	Nachfolger
	73	
	41	
50		
68		
		37
		90

Ordne die Zahlen der Größe nach.

⑩ Verwende <.

83, 38, 52, 66, 25

⑪ Verwende >.

99, 69, 9, 16, 36

⑫ Verwende <.

11, 100, 41, 81, 14

⑬ Verwende >.

34, 75, 43, 57, 53

⑭ 8 + 5 =

38 + 5 =

48 + 5 =

88 + 5 =

⑮ 16 − 8 =

56 − 8 =

66 − 8 =

86 − 8 =

⑯ 70 + 4 =

40 + 3 =

20 + 8 =

60 + 7 =

⑰ 100 − 3 =

60 − 5 =

30 − 7 =

50 − 9 =

⑱ 83 + 8 =

32 − 6 =

54 + 8 =

100 − 4 =

⑲ 60 + 6 =

73 − 4 =

8 + 9 =

88 − 9 =

⑳ In Klasse 2 sind 14 Jungen und 9 Mädchen.

㉑ Im Korb sind 43 Eier. Die Bäuerin legt noch 8 dazu.

㉒ Kai hat 37 Autos. Anika hat 9 Autos weniger.

Besuch auf dem Bauernhof

① Du bist am Wohnhaus, gehst geradeaus, dann den zweiten Weg nach links, nun rechts bis ans Ende. Welches Tier kannst du streicheln?

② Nachdem du das Tier gestreichelt hast, willst du zu den Enten. Wie gehst du?

③ Von den Enten gehst du nach links, rechts, links, rechts, links, rechts. Zu welchen Tieren kommst du?

④ Die Bäuerin holt Eier. Wie muss sie gehen?

⑤ Du gehst vom Wohnhaus aus nach links, dann dreimal nach rechts. Wo bist du dann?

⑥ Der Bauer fährt mit dem Traktor aufs Feld. Beschreibe den Weg.

⑦ Erfinde weitere Aufgaben auf dem Bauernhof.

⑧ Beschreibe auf diese Weise Wege in deiner Schule und deinen Schulweg.

① Gehe von der Maus aus 2 Felder nach unten (↓↓) und 2 nach rechts (→→). Bei welchem Tier bist du?

② Nun gehe weiter. 2 Felder nach rechts (→→), danach 2 Felder nach unten (↓↓). Wo bist du?

③ Wie kommst du vom Stall zum Futter des Pferdes? Schreibe auf.

④ Gehe vom Heuhaufen 4 Felder nach links (←←←←) und 2 Felder nach unten (↓↓). Mache die Tierstimme nach.

⑤ Nun geht es weiter: →→→↑ Wem schmeckt dieses Fressen?

⑥ Nach dem Fressen möchte das Tier schlafen. Gehe so: ↓↓→→ Welchen Namen hat das Tier?

⑦ Der Hase hoppelt zuerst zu seinem Futter und danach in seinen Stall. Schreibe einen Weg auf.

⑧ Immer drei Karten gehören zusammen. Schreibe Wege auf. Beispiel:
Hund →→→↑ Knochen →→↓↓ Hundehütte

⑨ Finde eigene Wege und Fragen.

Von der Zahlenleine zum Zahlenstrahl

① Welche Zahlen passen zu den Buchstaben A bis G? Erklärt.

A: 2, 6, 9
B: 11, 15, 18
C: 24, 29, 22
D: 32, 39, 34
E: 41, 45, 48
F: 52, 56, 57
G: 61, 68, 65

② Finde die Zahlen für die Buchstaben H bis K. Wie kannst du kontrollieren?

S. 26
③ L: 13 < 14 < 15

③ Welche Zahlen gehören zu den Buchstaben L bis X?
Schreibe sie mit Vorgänger und Nachfolger ins Heft.

Partnerarbeit

④ Zeige auf eine Klammer. Dein Partner nennt die passende Zahl.

⑤ 7 − 6 =
17 − 6 =
27 − 6 =
…

⑥ 11 − 7 =
21 − 7 =
31 − 7 =
…

⑦ 2 + 8 =
12 + 8 =
22 + 8 =
…

⑧ 5 + 9 =
15 + 9 =
25 + 9 =
…

⑨ 4 + 0 =
14 + 10 =
24 + 20 =
…

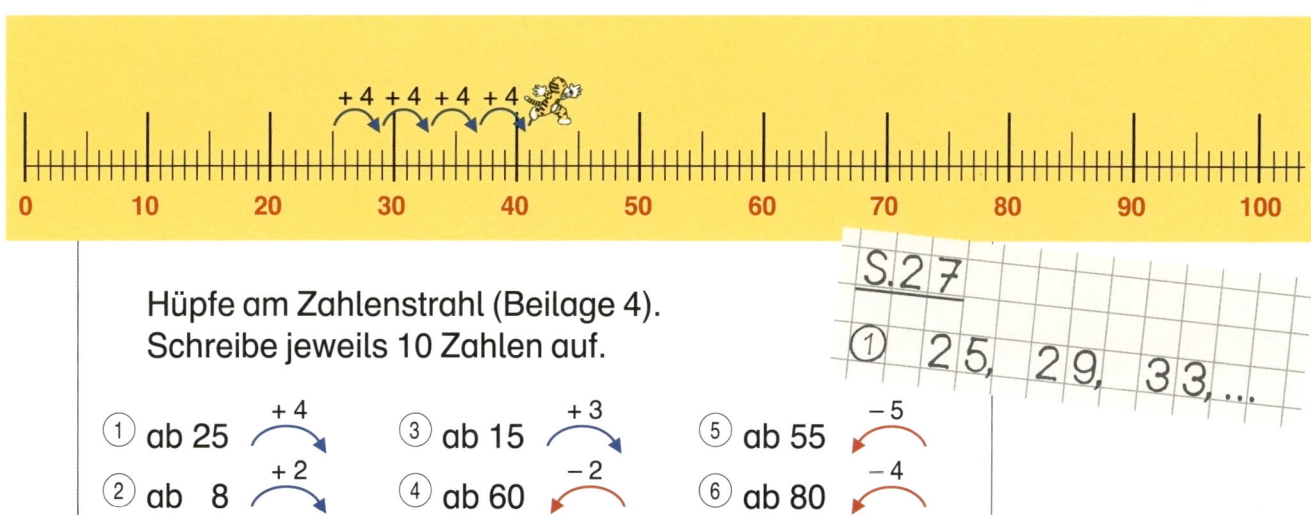

Hüpfe am Zahlenstrahl (Beilage 4).
Schreibe jeweils 10 Zahlen auf.

S.27
① 25, 29, 33,…

① ab 25 +4
② ab 8 +2
③ ab 15 +3
④ ab 60 −2
⑤ ab 55 −5
⑥ ab 80 −4

Wie heißt die Regel? Schreibe jeweils 10 Zahlen auf.

⑦ 10, 20, 30, …   ⑩ 38, 36, 34, …   ⑬ 87, 83, 79, …

⑧ 5, 10, 15, …   ⑪ 100, 97, 94, …   ⑭ 10, 16, 22, …

⑨ 3, 6, 9, …   ⑫ 59, 54, 49, …   ⑮ 93, 87, 81, …

Wie geht es weiter? Zeichne in dein Heft.

⑯    ⑲

⑰    ⑳

⑱    ㉑

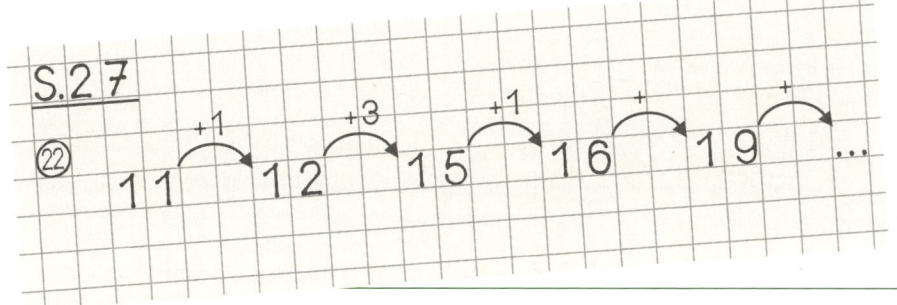

S.27
㉒ 11 +1 12 +3 15 +1 16 + 19 + …

Wie geht es weiter? Finde die Regel.
Kontrolliere mit dem Zahlenstrahl.

㉒ 11, 12, 15, 16, 19, …   ㉔ 80, 78, 77, 75, 74, …   ㉖ 5, 10, 8, 13, 11, …

㉓ 30, 32, 36, 38, 42, …   ㉕ 95, 90, 89, 84, 83, …   ㉗ 1, 2, 4, 7, 11, …

1

Tigerwürfeln
Spiel für 2 Kinder

- Würfelt mit dem Zehnerwürfel.
- Rechnet plus oder minus.
- Wenn ihr zu einem oder über einen Nachbarzehner kommt, dürft ihr den Tiger anmalen.

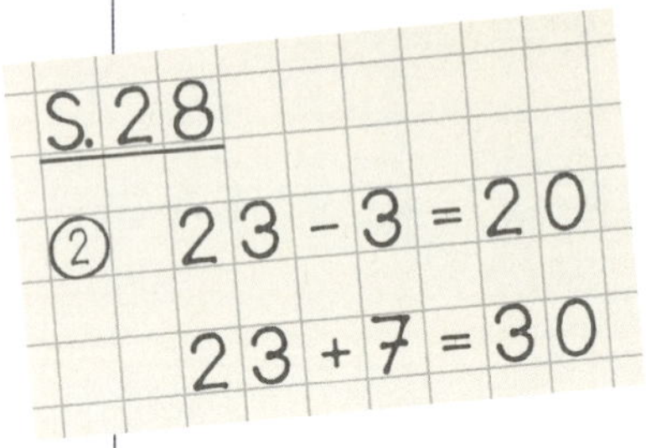

S. 28

2 $23 - 3 = 20$
$23 + 7 = 30$

Rechne zu den Nachbarzehnern.
Kontrolliere mit dem Zahlenstrahl.

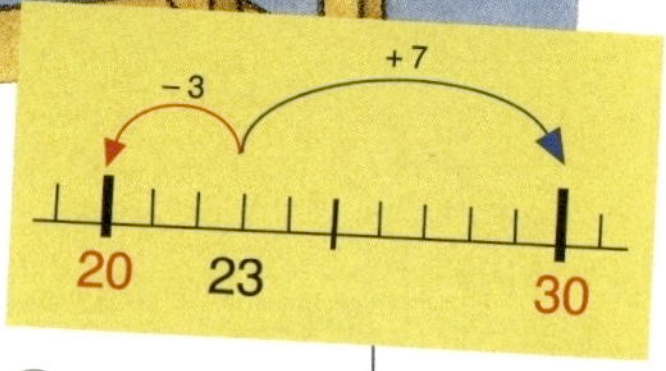

2 23   **5** 7   **8** 15   **11** 95

3 56   **6** 32   **9** 44   **12** 70

4 81   **7** 68   **10** 79   **13** 40

Finde mindestens drei weitere passende Aufgaben.

14
$5 + 6 =$
$15 + 6 =$
$25 + 6 =$
$35 + 6 =$
…

15
$13 - 4 =$
$23 - 4 =$
$43 - 4 =$
$63 - 4 =$
…

16
$7 + 8 =$
$17 + 8 =$
$37 + 8 =$
$77 + 8 =$
…

17
$14 - 7 =$
$24 - 7 =$
$54 - 7 =$
$94 - 7 =$
…

18
$6 + 9 =$
$16 + 9 =$
$36 + 9 =$
$56 + 9 =$
…

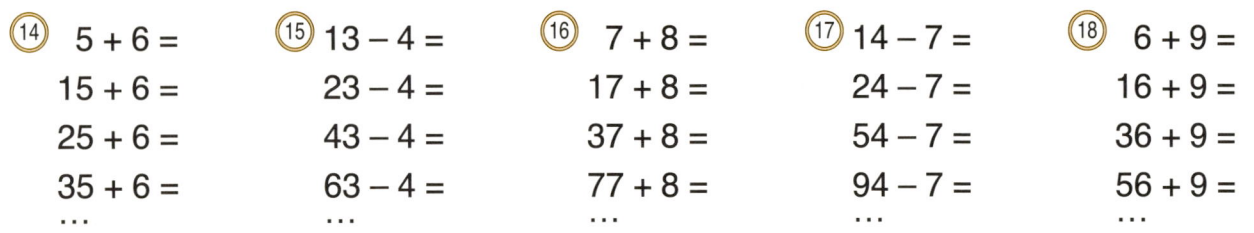

$42 - 5$	$74 + 7$	$81 - 6$				
$29 + 8$	$32 - 7$	$58 + 4$	$15 - 9$	$10 + 9$	$64 - 6$	$69 + 6$

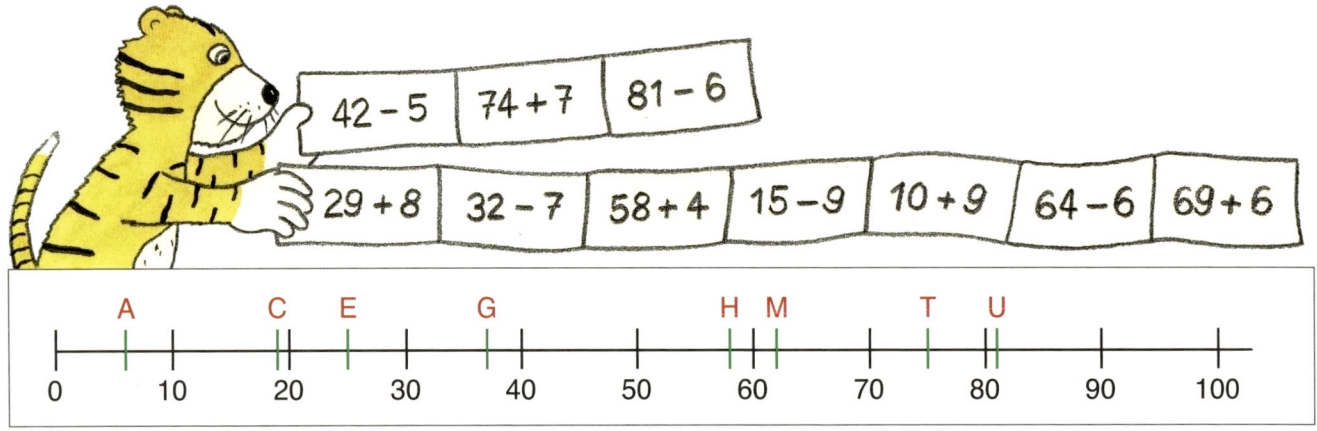

19 Löse die Aufgaben und schreibe die Buchstaben auf.
Wie heißt die Lösung?

① Der Spielplan befindet sich im Handbuch.

Rechnen am Zahlenstrahl

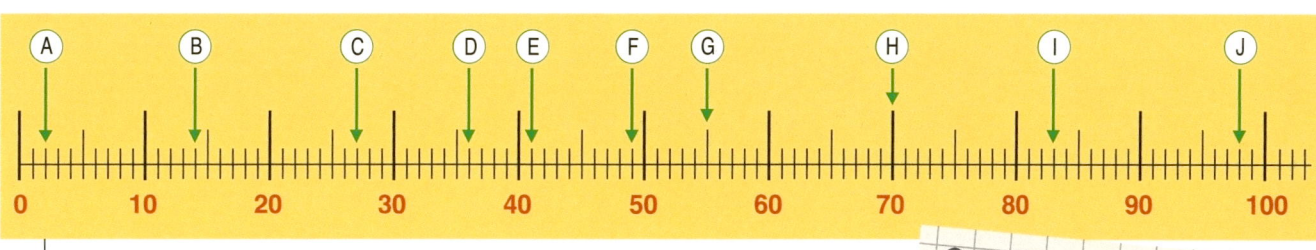

① Welche Zahlen gehören zu den Buchstaben?
Schreibe sie mit ihren Nachbarzehnern auf.

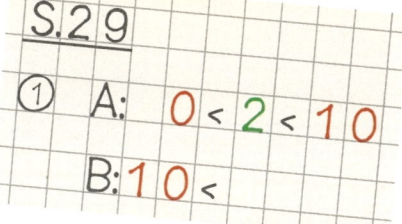

S.29

① A: 0 < 2 < 10

B: 10 <

Rechne mindestens 3 Aufgaben weiter.

② 10 − 6 =
20 − 6 =
30 − 6 =
…

③ 0 + 9 =
20 + 9 =
40 + 9 =
…

④ 12 − 7 =
32 − 7 =
52 − 7 =
…

⑤ 19 + 4 =
39 + 4 =
59 + 4 =
…

⑥ 8 + 5 =
18 + 5 =
28 + 5 =
…

⑦ 15 − 8 =
25 − 8 =
35 − 8 =
…

⑧ 7 + 3 =
27 + 3 =
47 + 3 =
…

⑨ 11 − 2 =
21 − 2 =
31 − 2 =
…

⑩ 14 − 6 =
24 − 6 =
34 − 6 =
…

⑪ 6 + 9 =
16 + 9 =
26 + 9 =
…

⑫ 13 − 8 =
33 − 8 =
53 − 8 =
…

⑬ 4 + 9 =
24 + 9 =
44 + 9 =
…

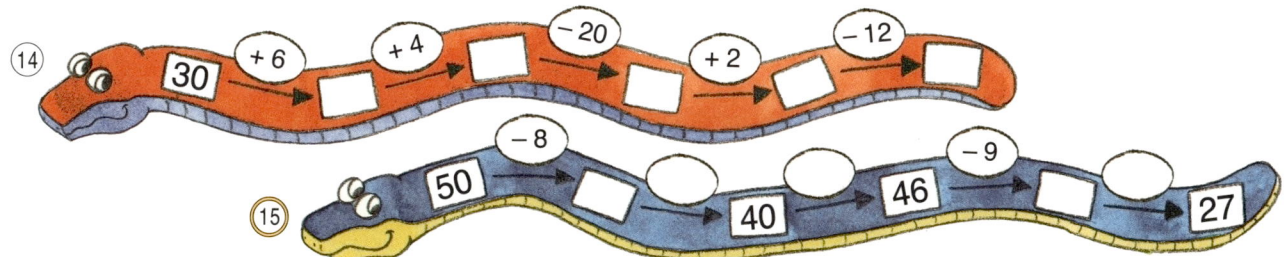

⑭ 30 +6 ☐ +4 ☐ −20 ☐ +2 ☐ −12 ☐

⑮ 50 −8 ☐ ☐ 40 ☐ 46 −9 ☐ 27

⑯ +	3	6	9
48			
67			
89			

⑰ −	2	4	6	8
22				
53				
74				

⑱ +	5	7	9
9			
47			
65			

⑲ 25, 13, 3, 4
⑳ 80, 30, 10, 5
㉑ 19, 9, 4, 2
㉒ 25, 15, 20, 10

Zahlenstrahl oder Hunderterfeld?

① 23 + 10 =
23 + 20 =
23 + 30 =
23 + 40 =
23 + 50 =

② 4 + 10 =
14 + 20 =
24 + 30 =
34 + 40 =
44 + 50 =

③ 21 + 70 =
31 + 60 =
41 + 50 =
51 + 40 =
61 + 30 =

④ 83 + 10 =
76 + 20 =
62 + 30 =
58 + 40 =
47 + 50 =

⑤ 20 + 67 =
30 + 58 =
40 + 44 =
50 + 36 =
60 + 29 =

Zeige auch diese Aufgaben am Zahlenstrahl und
am Hunderterfeld. Schreibe die Rechnungen ins Heft.

⑥ 16 + 8 =
26 + 8 =
46 + 8 =
86 + 8 =

⑦ 17 + 5 =
27 + 5 =
47 + 5 =
87 + 5 =

⑧ 9 + ☐ = 16
19 + ☐ = 25
29 + ☐ = 34
39 + ☐ = 43

⑨ 15 + ☐ = 21
26 + ☐ = 32
37 + ☐ = 43
48 + ☐ = 54

Löse die Aufgaben mit Hunderterfeld oder Zahlenstrahl.

⑩ 38 + 7 =
⑪ 46 + 9 =
⑫ 57 + 4 =
⑬ 66 + 6 =

⑭ 53 + 32 =
⑮ 34 + 45 =
⑯ 16 + 51 =
⑰ 45 + 53 =

⑱ 51 + 39 =
⑲ 42 + 30 =
⑳ 27 + 23 =
㉑ 14 + 85 =

㉒ 67 + 22 =
㉓ 74 + 13 =
㉔ 28 + 52 =
㉕ 31 + 48 =

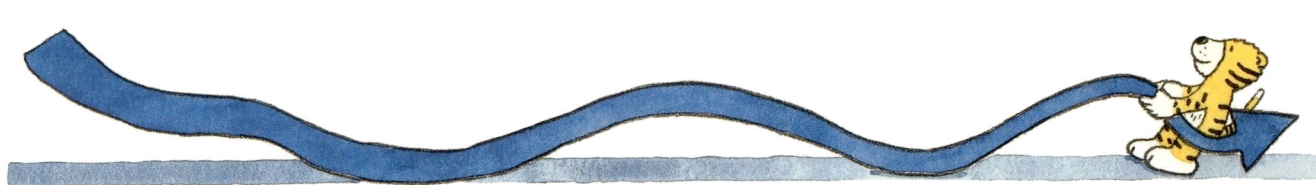

Sprich die Zahlenrätsel zu diesen Aufgaben.
Löse sie mit dem Pfeilbild und der Umkehraufgabe.

1. ☐ + 4 = 17
2. ☐ + 5 = 35
3. ☐ + 8 = 20

4. ☐ + 6 = 12
5. ☐ − 7 = 20
6. ☐ − 3 = 28

7. ☐ − 2 = 49
8. ☐ − 9 = 9
9. ☐ + 1 = 100

10. ☐ − 6 = 18
11. ☐ + 7 = 24
12. ☐ − 5 = 95

13. Felix denkt sich eine Zahl, addiert 5,
subtrahiert 3 und erhält 12.
Welche Zahl hat sich Felix gedacht?

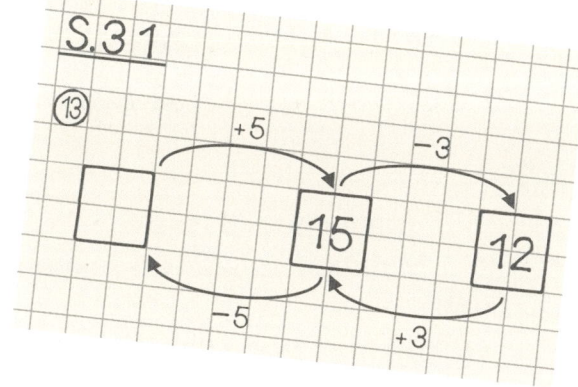

14. Anika denkt sich eine Zahl. Sie subtrahiert 6, addiert dann 4 und erhält 18.
Welche Zahl hat sich Anika gedacht?

15. Marco denkt sich eine Zahl.
Er addiert zuerst 7, subtrahiert 2,
addiert dann 5 und erhält 10.
Welche Zahl hat sich Marco gedacht?

16. Gianna denkt sich eine Zahl. Sie subtrahiert 2, addiert 3, subtrahiert dann 6,
addiert zum Schluss 10 und erhält 25.
Welche Zahl hat sich Gianna gedacht?

Löse die Pfeilbilder.

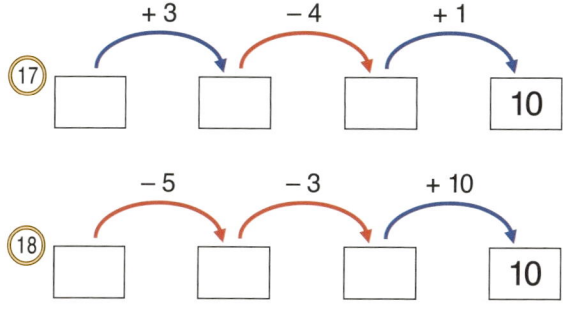

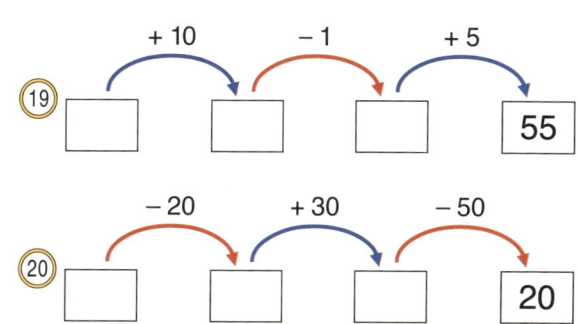

```
39 + 56 =
39 +    6 = 45
45 + 50 =
```

```
39 + 56 =
30 + 50 = 80
     9 +  6 = 15
80 + 15 =
```

```
39 + 56 =
39 + 50 = 89
89 +  6 =
```

Weg 2
Weg 3
Weg 1
Weg 4
Mein Weg

```
39 + 56 =
```

```
39 + 56 =
40 + 56 = 96
96 -    1 =
```

💬 Welchen Weg nehmt ihr? Probiert verschiedene Wege aus.

① 52 + 29 =   ⑤ 49 + 33 =   ⑨ 13 + 59 =   ⑬ 26 + 62 =

② 63 + 15 =   ⑥ 79 + 18 =   ⑩ 37 + 39 =   ⑭ 17 + 71 =

③ 48 + 37 =   ⑦ 59 + 27 =   ⑪ 8 + 18 =   ⑮ 34 + 43 =

④ 27 + 73 =   ⑧ 9 + 41 =   ⑫ 21 + 61 =   ⑯ 52 + 25 =

⑰ Heiko hat 35 Muscheln.
Pia hat 18 Muscheln mehr.

⑲ Welche Zahl ist
um 29 größer als 55?

⑱ Kamila hat 78 Nüsse.
Mehmed hat 22 Nüsse mehr.

⑳ Welche Zahl ist
doppelt so groß wie 43?

Wie weit kannst du rechnen?

㉑ 6 + 6 =   ㉒ 9 + 9 =   ㉓ 20 + 50 =   ㉔ 15 + 8 =

16 + 16 =   19 + 19 =   22 + 48 =   25 + 18 =

26 + 26 =   29 + 29 =   24 + 46 =   35 + 28 =

36 + 36 =   39 + 39 =   …   …

…   …

① 37 + 25 =	④ 46 + 46 =	⑦ 72 + 17 =	⑩ 18 + 63 =
② 69 + 18 =	⑤ 28 + 54 =	⑧ 19 + 63 =	⑪ 54 + 45 =
③ 53 + 39 =	⑥ 31 + 49 =	⑨ 82 + 16 =	⑫ 44 + 28 =

⑬ In Klasse 2a sind 23 Kinder und in Klasse 2b sind 25 Kinder. Wie viele Kinder sind in den beiden Klassen zusammen?

⑭ In Klasse 2c sind 26 Kinder und in Klasse 2d sind genauso viele Kinder. Wie viele Kinder sind in den beiden Klassen?

⑮ Grundschule Beuren:
Klasse 1: 21 Schüler
Klasse 2: 21 Schüler
Klasse 3: 18 Schüler
Klasse 4: 23 Schüler

⑯ Finde Aufgaben, die zu deiner Schule passen.

⑰ Die Kinder haben ihre Rechnungen aufgeschrieben. Erkläre die Schreibweisen von Anne, Tilo und Thea.

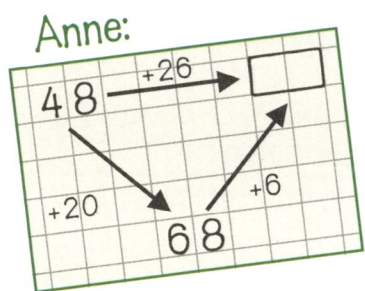

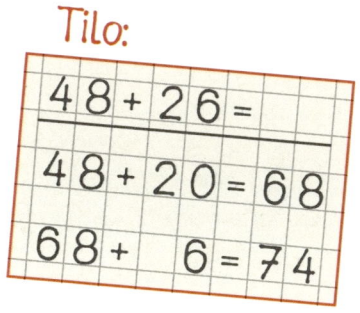

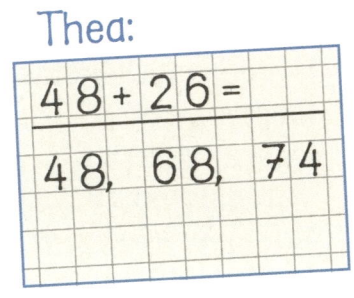

Wähle eine Schreibweise aus.

⑱ 48 + 26 =	㉑ 17 + 34 =	㉔ 25 + 46 =	㉗ 13 + 65 =	㉚ 10 + 87 =
⑲ 34 + 18 =	㉒ 69 + 14 =	㉕ 34 + 59 =	㉘ 65 + 27 =	㉛ 77 + 18 =
⑳ 52 + 29 =	㉓ 36 + 28 =	㉖ 42 + 48 =	㉙ 21 + 39 =	㉜ 30 + 56 =

① bis ⑫ Das Kind wählt einen Rechenweg von Seite 32 aus und löst damit alle Aufgaben.

Kalender 2012

	Januar				
M	2	9	16	23	30
D	3	10	17	24	31
M	4	11	18	25	
D	5	12	19	26	
F	6	13	20	27	
S	7	14	21	28	
S	1	8	15	22	29

	Februar				
		6	13	20	27
		7	14	21	28
	1	8	15	22	29
	2	9	16	23	
	3	10	17	24	
	4	11	18	25	
	5	12	19	26	

	März				
	5	12	19	26	
	6	13	20	27	
	7	14	21	28	
	1	8	15	22	29
	2	9	16	23	30
	3	10	17	24	31
	4	11	18	25	

	April				
M	2	9	16	23	30
D	3	10	17	24	
M	4	11	18	25	
D	5	12	19	26	
F	6	13	20	27	
S	7	14	21	28	
S	1	8	15	22	29

	Mai				
		7	14	21	28
	1	8	15	22	29
	2	9	16	23	30
	3	10	17	24	31
	4	11	18	25	
	5	12	19	26	
	6	13	20	27	

	Juni				
	4	11	18	25	
	5	12	19	26	
	6	13	20	27	
	7	14	21	28	
	1	8	15	22	29
	2	9	16	23	30
	3	10	17	24	

	Juli				
M	2	9	16	23	30
D	3	10	17	24	31
M	4	11	18	25	
D	5	12	19	26	
F	6	13	20	27	
S	7	14	21	28	
S	1	8	15	22	29

	August				
		6	13	20	27
		7	14	21	28
	1	8	15	22	29
	2	9	16	23	30
	3	10	17	24	31
	4	11	18	25	
	5	12	19	26	

	September				
	3	10	17	24	
	4	11	18	25	
	5	12	19	26	
	6	13	20	27	
	7	14	21	28	
	1	8	15	22	29
	2	9	16	23	30

	Oktober				
M	1	8	15	22	29
D	2	9	16	23	30
M	3	10	17	24	31
D	4	11	18	25	
F	5	12	19	26	
S	6	13	20	27	
S	7	14	21	28	

	November				
	5	12	19	26	
	6	13	20	27	
	7	14	21	28	
	1	8	15	22	29
	2	9	16	23	30
	3	10	17	24	
	4	11	18	25	

	Dezember				
	3	10	17	24	31
	4	11	18	25	
	5	12	19	26	
	6	13	20	27	
	7	14	21	28	
	1	8	15	22	29
	2	9	16	23	30

1 Jahr = 12 Monate
1 Jahr = 365 Tage
1 Schaltjahr = 366 Tage

23.09. Geburtstag Anna

14. Juni Wandertag

3. Mai Besuch von Oma

10. September Geburtstag Frank

19. April Konzert 18⁰⁰ Uhr

3. Januar Zahnarzt 10⁰⁰ Uhr !!

1. – 3. Februar Berlin

22. 04. Besuch bei Tante Ulla

① **Partnerarbeit**
Untersucht den Kalender für das Jahr 2012. Wie viele Monate gibt es? Wie viele Tage haben die Monate? Wie viele Wochen gibt es etwa in jedem Monat?

② Auf welchen Wochentag fallen der 1. Januar, der 1. Mai, der 3. Oktober, der 24. Dezember, der 31. Dezember, dein Geburtstag?

③ Schreibe für den heutigen Tag ins Heft:
Heute ist Montag, der 16. Januar 2012.
Morgen ist Dienstag, der …
Gestern war …
Übermorgen ist …
Vorgestern war …
Vor einer Woche war …
In einem Monat ist …

④ **Partnerarbeit**
Nenne ein ganz bestimmtes Datum, der Partner sucht diesen Tag im Kalender und nennt den entsprechenden Wochentag.

⑤ Die Sommerferien beginnen am 26. Juli und dauern 6 Wochen und 3 Tage.
Wann enden die Sommerferien?

⑥ Die Herbstferien dauern vom 27. Oktober bis zum 4. November. Wie viele Tage sind das?

⑦ Viola feiert am 29. Februar 2012 zum zweiten Mal ihren Geburtstag. Wie alt ist sie?

Wochentagsrätsel

⑧ Wenn gestern Sonntag war, welcher Tag ist dann morgen?

⑨ In zwei Tagen ist Freitag. Welcher Tag ist heute?

⑩ Wenn vorgestern Dienstag war, welcher Tag ist dann morgen?

⑪ Erfinde weitere Wochentagsrätsel.

Wie spät ist es?

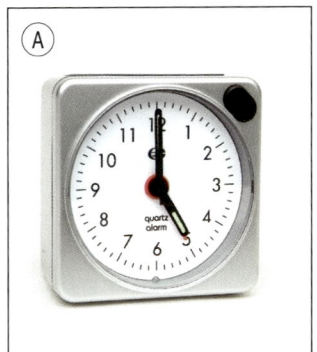 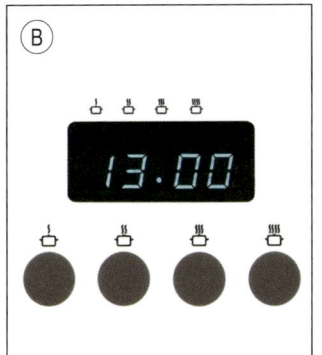 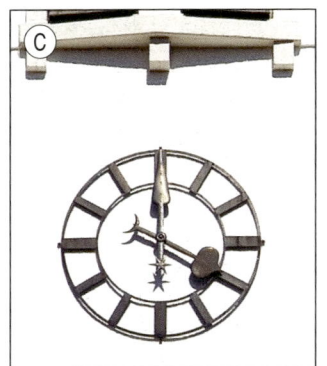 

 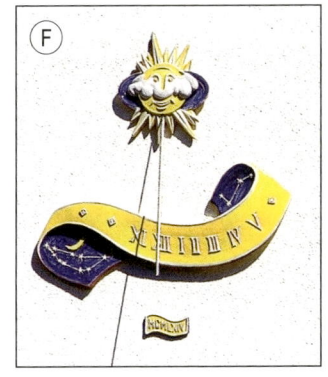  

1. Sprecht über die Uhren. Worin unterscheiden sie sich, was haben sie gemeinsam?

2. Schreibe die Uhrzeiten auf, die die Uhren zeigen.

```
S. 35

②   A:     5 Uhr
           17 Uhr
```

3. Baue deine Lernuhr zusammen (Beilage 5). Stelle Uhrzeiten ein und erzähle, was du um diese Zeit tust.

4. Schreibe deinen Tageslauf auf.

```
S. 35

④   nachts :   0 Uhr: schlafen
                1 Uhr: schlafen
```

Lies die Uhrzeiten ab und schreibe immer zwei Zeiten auf.
Schreibe zu jeder Uhrzeit die Tageszeit (morgens, abends, nachts …).

 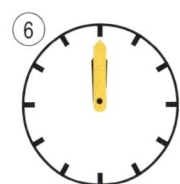    

5. 6. 7. 8. 9. 10.

11. **Partnerspiel**
    Stelle eine Uhrzeit auf deiner Lernuhr ein.
    Lege ein passendes Wortkärtchen.
    Dein Partner nennt die Zeit.

17 Uhr

Fußball

Der lange Zeiger zeigt die Minuten.
Der kurze Zeiger zeigt die Stunden.

60 Minuten = 1 Stunde

30 Minuten = $\frac{1}{2}$ Stunde (halbe Stunde)

15 Minuten = $\frac{1}{4}$ Stunde (Viertelstunde)

45 Minuten = $\frac{3}{4}$ Stunde (Dreiviertelstunde)

① Erklärt die Uhr. Benutzt diese Begriffe:

Stunde Stundenzeiger Viertelstunde

Minute halbe Stunde Minutenzeiger Ziffernblatt

Stelle auf der Lernuhr die Uhrzeiten ein und sprich dazu.
Achte auf den Stundenzeiger.

② 2.00 Uhr
2.15 Uhr
2.30 Uhr
2.45 Uhr

③ 5.00 Uhr
5.15 Uhr
5.30 Uhr
5.45 Uhr

④ 9.00 Uhr
9.15 Uhr
9.30 Uhr
9.45 Uhr

⑤ 11.00 Uhr
11.15 Uhr
11.30 Uhr
11.45 Uhr

⑥ 16.00 Uhr
16.15 Uhr
16.30 Uhr
16.45 Uhr

Stelle auch diese Uhrzeiten ein und schreibe in dein Heft.

⑦ halb 6

⑧ viertel vor 7

⑨ viertel nach 2

⑩ halb 11

⑪ viertel nach 12

⑫ viertel vor 9

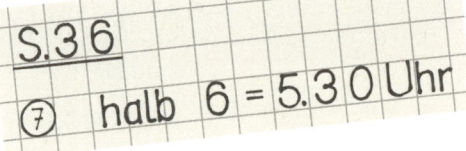

S. 36

⑦ halb 6 = 5.30 Uhr

Wie spät ist es? Schreibe immer zwei Uhrzeiten auf.

⑬
⑭
⑮
⑯
⑰
⑱

⑲
⑳
㉑
㉒
㉓
㉔

㉕ 75 – 30 =
75 – 35 =
75 – 40 =
…

㉖ 27 + 20 =
27 + 25 =
27 + 30 =
…

㉗ 85 – 23 =
80 – 23 =
75 – 23 =
…

㉘ 10 + 29 =
15 + 29 =
20 + 29 =
…

㉙ 100 – 15 =
99 – 20 =
98 – 25 =
…

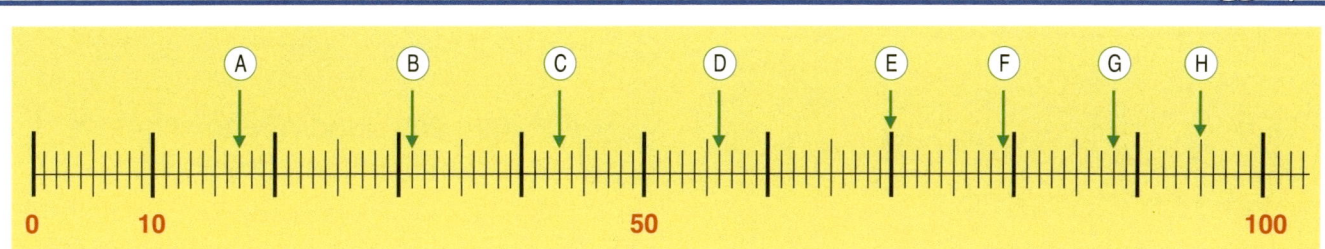

0   10   50   100

① Welche Zahlen gehören zu den Buchstaben?

② Schreibe die Zahlen mit ihren Vorgängern und Nachfolgern auf.
Schreibe A: 16 < 17 < 18

③ Wie heißen die Nachbarzehner dieser Zahlen? Schreibe A: 10 < 17 < 20

Wie geht es weiter? Schreibe jeweils 10 Zahlen auf.

④ 26, 28, 30, …   ⑤ 100, 96, 92, …   ⑥ 3, 10, 17, …   ⑦ 50, 47, 44, …

Übertrage die Muster in dein Heft und setze sie fort.

⑧       ⑨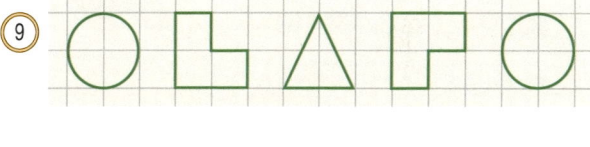

⑩

⑪ Tim denkt sich eine Zahl. Er addiert 7, subtrahiert 2 und erhält 55.

⑫ Sina denkt sich eine Zahl. Sie subtrahiert 8, addiert 10, subtrahiert 2 und erhält 20.

⑬ Imre denkt sich eine Zahl. Er addiert 50, subtrahiert 25 und erhält 70.

⑭ 25 + 38 =
17 + 50 =
26 + 34 =

⑮ 47 + 33 =
41 + 20 =
38 + 40 =

⑯ 23 + 48 =
25 + 35 =
4 + 79 =

⑰ 52 + 29 =
39 + 54 =
61 + 27 =

⑱ 19 + 16 =
16 + 57 =
28 + 66 =

⑲

+	3	5	7
26			
37			
48			
59			
60			

⑳

−	2	4	6
84			
73			
62			
51			
40			

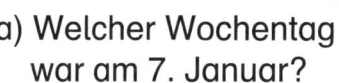

㉑ Heute ist Mittwoch, der 11. Januar.

a) Welcher Wochentag war am 7. Januar?

b) Welches Datum ist am Dienstag nächste Woche?

Wir zeichnen Muster

① Zeichne ein Muster. Gehe dabei so vor:

 Nimm ein Quadrat und schneide am rechten Rand ein Stück ab.

 Klebe das Stück an die linke Seite des Quadrats.

 Schneide nun am oberen Rand der Figur ein Stück ab.

 Klebe dieses Stück an den unteren Rand. Nun hast du eine Musterschablone.

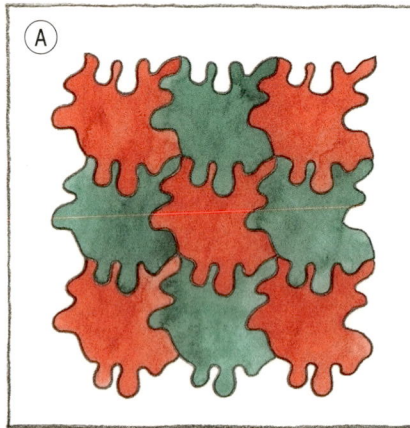

② Welche der Schablonen a bis e wurden für die Muster A bis C verwendet?

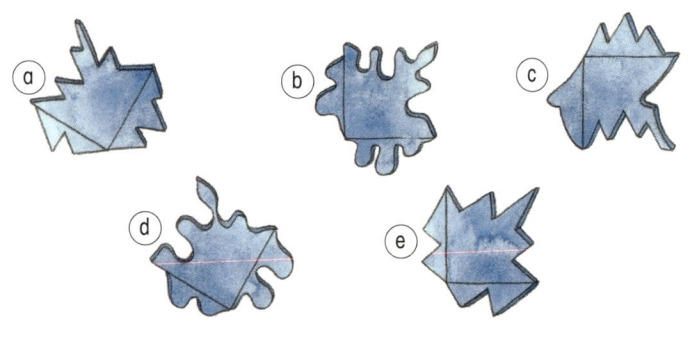

③ Bastle Schablonen und zeichne schöne Muster.

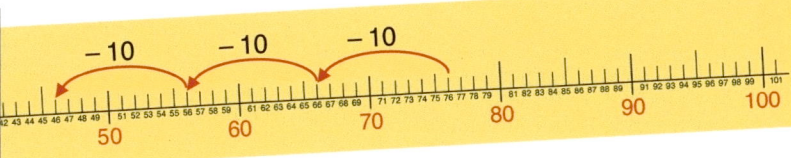

1	2	3	4	5	6	7	8	9	10
11	12	13	14	15	16	17	18	19	20
21	22	23	24	25	26	27	28	29	30
31	32	33	34	35	36	37	38	39	40
41	42	43	44	45	46	47	48	49	50
51	52	53	54	55	56	57	58	59	60
61	62	63	64	65	66	67	68	69	70
71	72	73	74	75	76	77	78	79	80
81	82	83	84	85	86	87	88	89	90
91	92	93	94	95	96	97	98	99	100

Das Hunderterfeld, der Zahlenstrahl oder die Rechenmaschine helfen dir beim Lösen der Aufgaben dieser Seite.

① $76 - 10 =$ ② $98 - 50 =$ ③ $21 - 10 =$
$76 - 20 =$ $98 - 40 =$ $41 - 20 =$
$76 - 30 =$ $98 - 30 =$ $61 - 40 =$
$76 - 40 =$ $98 - 20 =$ $81 - 60 =$
$76 - 50 =$ $98 - 10 =$ $101 - 80 =$

④ $94 - 60 =$ ⑤ $32 - 20 =$ ⑥ $13 - \square = 3$ ⑦ $85 - \square = 45$ ⑧ $29 - \square = 9$
$74 - 30 =$ $45 - 10 =$ $33 - \square = 13$ $65 - \square = 55$ $71 - \square = 41$
$54 - 40 =$ $89 - 60 =$ $53 - \square = 23$ $35 - \square = 35$ $56 - \square = 26$
$34 - 20 =$ $67 - 40 =$ $73 - \square = 33$ $45 - \square = 25$ $64 - \square = 14$
$14 - 10 =$ $96 - 80 =$ $93 - \square = 43$ $75 - \square = 15$ $82 - \square = 22$

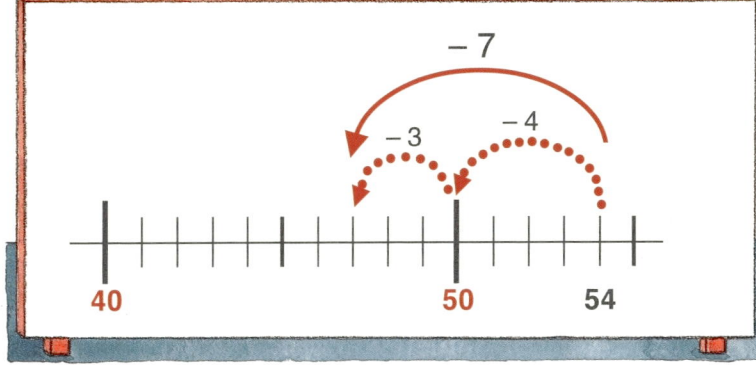

Zeige am Zahlenstrahl oder schiebe an der Rechenmaschine.

⑨ $54 - 7 =$ ⑩ $91 - 6 =$ ⑪ $58 - 9 =$ ⑫ $61 - \square = 53$ ⑬ $23 - \square = 19$
$83 - 5 =$ $72 - 4 =$ $94 - 5 =$ $97 - \square = 88$ $57 - \square = 48$
$26 - 8 =$ $65 - 7 =$ $32 - 8 =$ $55 - \square = 49$ $81 - \square = 75$
$37 - 9 =$ $43 - 9 =$ $76 - 7 =$ $82 - \square = 75$ $44 - \square = 36$
$62 - 6 =$ $51 - 8 =$ $45 - 6 =$ $15 - \square = 9$ $72 - \square = 67$

Löse diese Aufgaben möglichst ohne Hilfsmittel.

⑭ $36 - 5 =$ ⑮ $85 - 3 =$ ⑯ $50 - 7 =$
$68 - 6 =$ $49 - 8 =$ $80 - 4 =$
$93 - 2 =$ $34 - 1 =$ $100 - 9 =$
$77 - 4 =$ $59 - 9 =$ $20 - 8 =$

Tafel:
$$63 - 28 =$$

$$63 - 28 =$$
$$63 - 20 = 43$$
$$43 - 8 = 35$$

Schilder der Kinder:
$$63 - 28 =$$
$$60 - 20 = 40 \quad x$$
$$3 - 8 =$$

$$63 - 28 =$$
$$63, 43, 35$$

$$63 - 28 =$$
$$63, 55, 35$$

$$63 - 28 =$$
$$63 - 30 = 33$$
$$33 + 2 = 35$$

$$63 - 28 =$$
$$63 - 8 = 55$$
$$55 - 20 = 35$$

① Erklärt die Rechenwege.

Rechne auf verschiedene Arten.

②	③	④	⑤	⑥
84 − 26 =	63 − 45 =	71 − 46 =	49 − 29 =	38 − 19 =
42 − 19 =	96 − 59 =	52 − 34 =	80 − 57 =	25 − 16 =
51 − 48 =	34 − 27 =	100 − 23 =	96 − 69 =	100 − 81 =

⑦ Sarah hat 41 Muscheln. Laura
hat 18 Muscheln weniger.
Wie viele Muscheln hat Laura?

⑧ Paul sammelt Briefmarken.
Er hat schon 53. Simon hat
nur 27 Briefmarken.
Wie viele Briefmarken hat
Simon weniger?

⑨ Sina und Lars sammeln schöne Steine.
Sina hat 72 Steine.
Lars hat nur 48.

⑩ Welche Zahl ist um 39 kleiner als 82?

⑪ Welche Zahl ist um 57 kleiner als 75?

Wie geht es weiter?

⑫ 🟥 🔻 🟡 🟦 🟢 🟥

⑬ ∩ ∪ ⊂ ⊐ ∪ ⌐ ⌐ ∩

⑭ 70, 64, 58, 52, …

⑮ 100, 90, 95, 85, 90, 80, …

① Kann man so bezahlen? Sprecht über das Bild.
Überlegt euch, wie man bezahlt hat, als es noch kein Geld gab.

② Ordne das Spielgeld (Beilage 1 und 2)
nach seinem Wert. Schreibe wie im Beispiel:

S. 41
② 1 ct < 2 ct < 5 ct <

Wie viel Geld haben die Kinder gespart?
Schreibe die Rechnungen ins Heft.

③ Lisa

④ Till

⑤ Steffi

⑥ Nico

⑦ Laura

⑧ Jonas

Lege diese Beträge mit Spielgeld.
Zeichne Scheine und Münzen ins Heft.

| ⑨ 26 € | ⑪ 99 € | ⑬ 87 € | ⑮ 44 ct | ⑰ 92 ct | ⑲ 83 ct | ㉑ 7 € 60 ct |
| ⑩ 74 € | ⑫ 66 € | ⑭ 35 € | ⑯ 57 ct | ⑱ 76 ct | ⑳ 49 ct | ㉒ 18 € 23 ct |

① Wechsle jeden Schein und jede Münze um.
Es gibt mehrere Möglichkeiten.

Lege die Beträge mit Spielgeld.
Fasse geschickt zusammen.

② 25 € + 16 € =

③ 40 € + 15 € =

④ 12 € + 24 € =

⑤ 38 € + 11 € =

⑥ 51 € + 24 € =

⑦ 70 € + 25 € =

⑧ 62 € + 32 € =

⑨ 55 € + 45 € =

S.42

② 25 € + 16 € =

| 20 | 10 | 5 | 5 | ① |

20 € + 10 € + 10 € + 1 € =

⑩ 36 € + 14 € =

⑪ 47 € + 52 € =

⑫ 83 € + 13 € =

⑬ 79 € + 21 € =

Wie viel kostet es?

⑭ Anne kauft einen Pullover für 65 € und einen Schal für 23 €.

⑮ Paul kauft eine Hose für 47 € und Handschuhe für 18 €.

⑯ Eldar möchte Stiefel für 72 € und Socken für 18 €.

⑰ Eva möchte eine Mütze für 19 € und einen Schal für 13 €.

⑱ Die Jacke kostet 65 €, die Mütze kostet 17 €. Elena kauft beides.

⑲ Simone kauft eine Bluse für 27 € und eine Weste für 36 €.

⑳ Die Jacke kostet 47 €, die Stola kostet 42 €, die Weste kostet 36 €. Alina hat 80 €. Was kann sie kaufen?

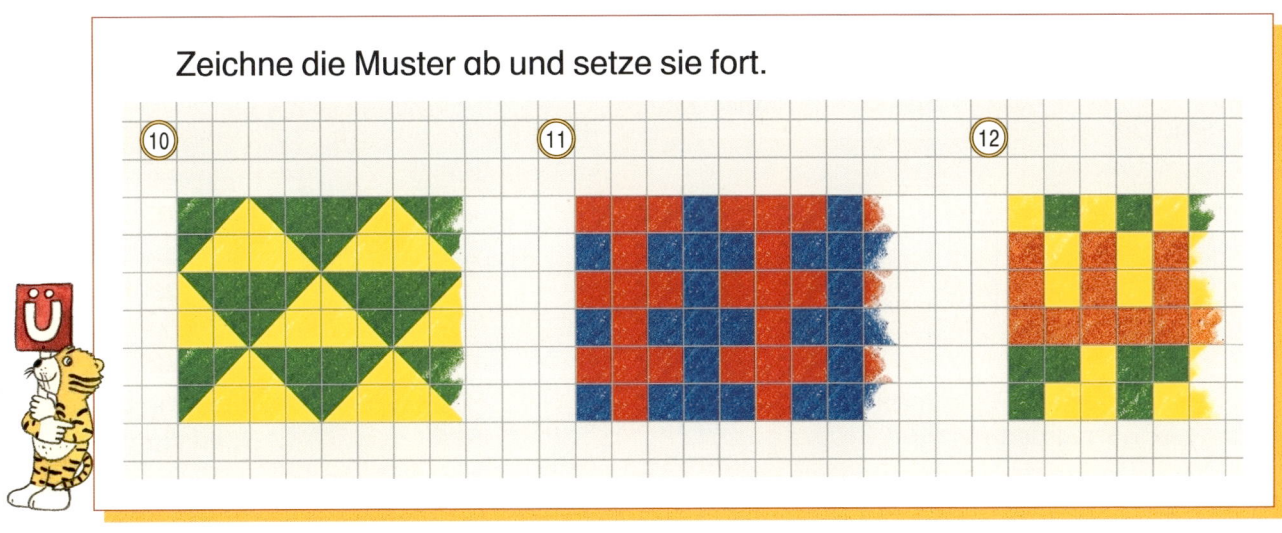

57.– €   44.– €   63.– €   46.– €   47.– €   24.– €

29.– €   25.– €   32.– €   59.– €   43.– €   28.– €

① Nadja möchte die Kuh und das Schaf. Wie viel Geld braucht sie?

② Ünal kauft das Lamm und das Kalb.

③ Tanja kauft das Fohlen, das Lamm und das Kätzchen.

④ Um wie viel Euro ist die Kuh teurer als die Katze?

⑤ Felix kauft die Katze. Er bezahlt mit 50 €.

⑥ Marco hat das Schwein und das Ferkel gekauft. Er bezahlt mit 100 €.

⑦ Gianna hat 60 €. Sie möchte sich zwei Stofftiere kaufen.

⑧ Simone möchte das Pferd. Sie hat schon 38 € gespart.

⑨ Sven hat 50 €. Er möchte das Lamm und den Hasen.

Zeichne die Muster ab und setze sie fort.

⑩   ⑪   ⑫

Im Winter

Rund-Loipe
← 4 km

Rothorn Lift
Letzte Fahrt:
16³⁰ Uhr

1 Fahrt
7 Punkte

Preise:

Tageskarte Erw. 28,- €
Halbtages-
karte (ab 13⁰⁰ Uhr) 18,- €
7-Tage-Karte 180,- €
50-Punkte-Karte 15,- €

Kinder von 6-14 Jahren
bezahlen den halben Preis.

① Hier gibt es viel zu entdecken und
zu beobachten. Erzählt.

② Überlegt euch Fragen zu dem Bild.
Schreibt sie auf, sammelt sie und
sprecht darüber.

③ Die Kinder der Klasse 2c haben sich
die Fragen A bis K ausgedacht.
Kannst du alle beantworten?

Ⓐ Wie viele
Skifahrer
sind da?

Ⓑ Wie teuer sind
4 Stunden parken?

Ⓒ Was kostet die
Tageskarte für
ein Kind?

Ⓓ Wie spät ist es?

Ⓔ Wie hoch liegt
der Schnee?

Ⓕ Wie lange braucht
man zum Gipfel?

Ⓖ Wer ist Sieger
im Slalom?

Ⓗ Wie viele Stunden
hat die Skihütte
täglich geöffnet?

Ⓘ Wie viel kosten Pommes
frites und ein Glas Cola?

Ⓙ Wie oft kann man mit der
50-Punkte-Karte am Lift
fahren?

Ⓚ Wie lang ist eine
rote Wurst?

Signs on the ski hut:

SKIHÜTTE 1326m üM

-3°C

tägl. geöffnet von 9⁰⁰ - 17⁰⁰ Uhr

PARKPLATZ:
2 Std. 3.- €
1 Tag   7.- €

ZIEL

Zum Gipfel 3½ Std.

⚔ Preisliste ⚔

Pommes frites	3.- €
Spaghetti	7.- €
Knödel	4.- €
Rote Wurst	3,50 €
Kakao	1,50 €
Cola, Fanta	2.- €
Mineralwasser	1,50 €
Kaffee	1,- €

④ Wie viele Schlittenfahrer, Skifahrer und Snowboardfahrer kannst du finden?

⑤ Skifahren macht hungrig. Merlin isst Pommes frites, Anna Spaghetti und ihr Vater isst Knödel. Wie viel müssen sie bezahlen?

⑥ Frau Kinkel und ihre Tochter (8 Jahre) fahren einen Tag Ski am Rothorn. Wie viel kosten die Liftkarten?

⑦ Alina und Judith sind hungrig und durstig. Sie haben 10 €. Was können sie kaufen?

⑧ Nico mag eine rote Wurst und ein Mineralwasser. Seine Mutter trinkt eine Tasse Kaffee.

⑨ Wie lange läuft der Lift noch?

⑩ Familie Gruber parkt das Auto für einen Tag. Frau Gruber und Jens (13 Jahre) fahren Ski, Herr Gruber und Katrin fahren mit dem Schlitten. Wie viel kostet das zusammen?

⑪ Wie teuer wäre ein Tag am Rothorn mit deiner Familie? Denke an Liftkarten, Essen und Getränke.

⑫ Erfinde weitere Aufgaben.

45

Wir vergleichen Längen

Sprungweiten

Jana
Marc
Matthias
Ilka

Anna

① Führt einen Sprungwettbewerb durch. Messt die Weiten mit Schnüren.
Vergleicht die Länge der Schnüre.

② Immer zwei Schnüre sind gleich lang. Schätze zuerst.
Wie kannst du dein Ergebnis ohne Lineal nachprüfen?

Ⓐ
Ⓑ
Ⓒ
Ⓓ
Ⓔ
Ⓕ
Ⓖ
Ⓗ
Ⓘ
Ⓙ

③ Schätzt, welcher Gegenstand am längsten, am zweitlängsten, am drittlängsten usw.
ist. Schreibt die Gegenstände nach ihrer Länge geordnet auf. Überprüft euer Ergebnis
mit einer Schnur.

Größe der Lehrerin

Breite des Klassenzimmers

Länge des Tisches

Länge eines VW Golf

Länge eines Fahrrads

Höhe der größten
Pflanze in der Schule

Höhe der Tür

④ 34 + 8 =	⑤ 81 − 4 =	⑥ 23 + 36 =	⑦ 95 − 42 =	⑧ 26 + 47 =
58 + 6 =	73 − 7 =	48 + 41 =	88 − 56 =	59 + 24 =
67 + 5 =	65 − 6 =	54 + 45 =	74 − 73 =	52 − 38 =
43 + 9 =	57 − 8 =	31 + 62 =	67 − 34 =	91 − 89 =

① Ordnet den Strecken A bis G das passende Wort zu:

Fuß, Handbreite, Fingerbreite, Fingerspanne, Elle,
Schritt, Armspanne

SCHON VOR VIELEN TAUSEND JAHREN HABEN DIE MENSCHEN LÄNGEN GEMESSEN. SIE BENUTZTEN DAZU IHRE KÖRPERTEILE.

Partnerarbeit

② Messt einige Längen mit den Maßen Fuß, Elle, Schritt und Armspanne.
Schätzt zuerst, messt dann genau. Vergleicht eure Ergebnisse.
Was fällt auf?

	Fuß		Elle		Schritt	
	geschätzt	gemessen	geschätzt	gemessen	geschätzt	gem...
Länge des Tisches						
Länge des Klassenzimmers						
...						

③ Stellt ein „Schnurmaß" her. Es soll so lang
sein wie die Breite des Matheheftes.

④ Messt die Dinge von Aufgabe 2 mit dem
Schnurmaß. Vergleicht eure Ergebnisse.

Wie geht es weiter?

⑤ 13, 17, 21, 25, …   ⑦ 1, 2, 4, 7, …   ⑨ 5, 10, 7, 12, 9, …

⑥ 92, 85, 78, 71, …   ⑧ 100, 99, 97, 94, …   ⑩ 80, 74, 77, 71, 74, …

Gruppenarbeit

① Fertigt aus Zeitungspapier Streifen mit genau einem Meter (1 m) Länge an.

② Messt mit den Streifen verschiedene Dinge im und um das Schulhaus:

Länge des Klassenzimmers,   Länge des Schulhofs,
Höhe der Tür,   Breite des Schulhofs,
Höhe der Tafel,   Länge des Schulhauses,
Länge des Flurs,   Breite des Schulhauses usw.

Wo passen die Streifen genau, wo bleibt ein Stück frei?

③ a) Faltet einen Meterstreifen in
der Mitte. Wie lang ist der
zusammengefaltete Streifen?

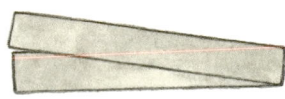

1 Meter = 100 Zentimeter
1 m = 100 cm
1 halber Meter = 50 Zentimeter
$\frac{1}{2}$ m = 50 cm

b) Faltet den halben Streifen
noch einmal. Wie lang ist
der Streifen nun?

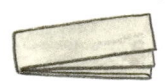

c) Ein Meter sind 100 Zentimeter.
Schreibt die Zentimeter-Angaben
an die Faltkanten eures Streifens.

0   25   50   75   100

d) Messt einige Strecken von Aufgabe 2 noch einmal. Wenn ein Stück
frei bleibt, verwendet für den Rest einen gefalteten Streifen und schreibt
die genaue Länge auf. Beispiel: Breite des Klassenzimmers: 6 m 25 cm

S. 48

④	Meter	Schritte
	10	
	20	

④ Zeichnet im Schulhof Strecken mit diesen Längen auf:
10 m, 20 m, 50 m.

Wie viele Schritte braucht ihr für diese Längen?
Tragt das Ergebnis in eine Tabelle ein.

⑤ Veranstaltet einen 50-m-Lauf.

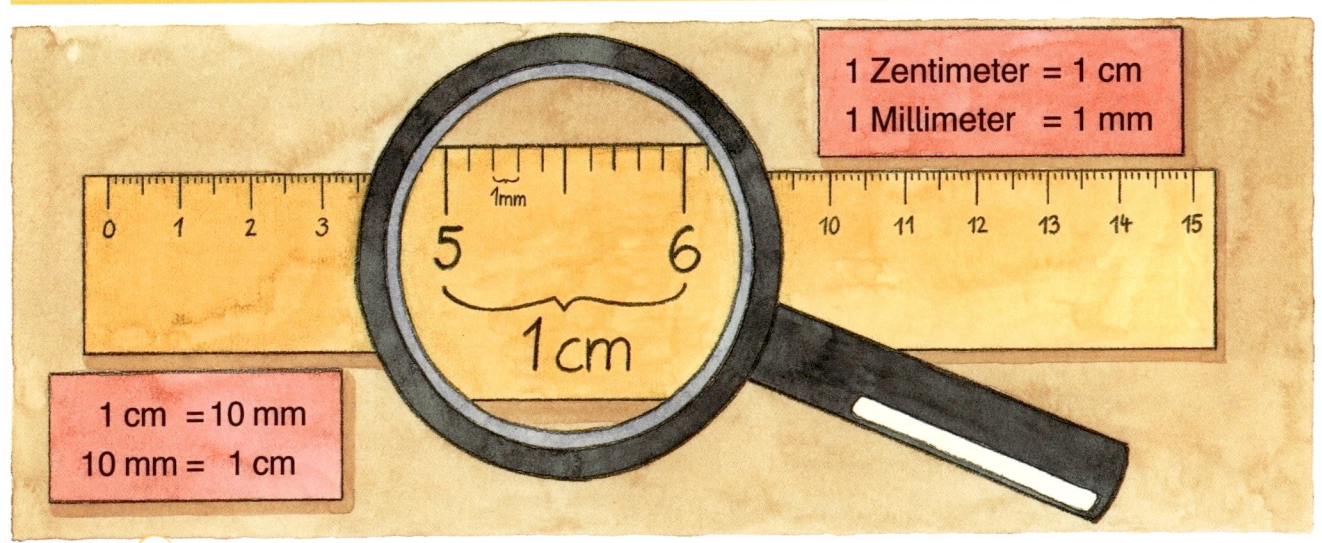

1 Zentimeter = 1 cm
1 Millimeter = 1 mm

1 cm = 10 mm
10 mm = 1 cm

1mm

1cm

① Untersucht das Lineal. Zeigt einen Zentimeter (1 cm).
Zeigt einen Millimeter (1 mm).

② Wie lang sind die Dinge aus dem Feder-
mäppchen? Schätze.

③ Miss genau und ordne der Größe nach.

④ Miss noch andere Gegenstände aus der
Schultasche, z. B. Heft, Schnellhefter, Vesperdose, Mathetiger, …

⑤ Suche Dinge, die etwa 1 cm, 2 cm, 5 cm, 10 cm, 20 cm lang
(breit, dick oder hoch) sind.

S.49

③   3 cm: Büroklammer

4 cm:

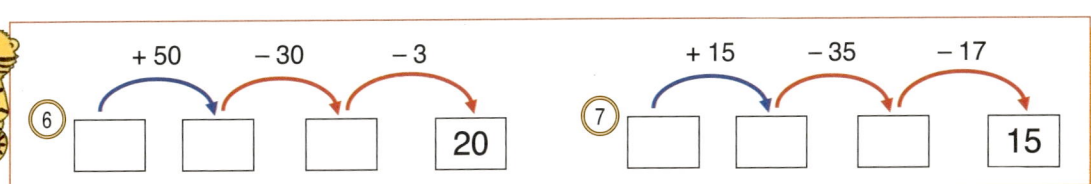

Ü

⑥   +50 −30 −3   +15 −35 −17

⑥ [ ] [ ] [ ] [20]   ⑦ [ ] [ ] [ ] [15]

Strecke $\overline{AB}$ ist 6 cm lang.

Den kürzesten Weg von A nach B nennt man Strecke. Wir schreiben so: $\overline{AB}$

① Zuerst schätzen, dann messen:

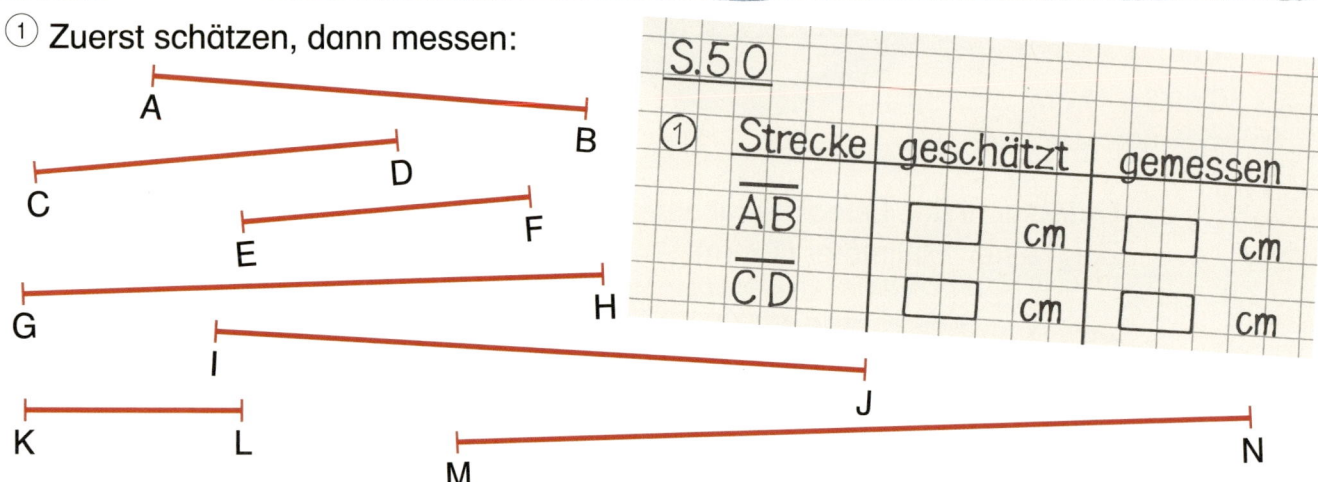

	Strecke	geschätzt		gemessen	
①	$\overline{AB}$		cm		cm
	$\overline{CD}$		cm		cm

S.50

② Zeichne Strecken in dein Heft und schreibe die Länge dazu.

$\overline{AB}$ = 7 cm	$\overline{EF}$ = 4 cm	$\overline{IJ}$ = 8 cm	$\overline{MN}$ = 14 cm
$\overline{CD}$ = 10 cm	$\overline{GH}$ = 12 cm	$\overline{KL}$ = 17 cm	$\overline{OP}$ = 11 cm

③ Miss die Gesamtlängen dieser Strecken. Schreibe so:

Ⓐ ☐ cm + ☐ cm + ☐ cm + ☐ cm = ☐ cm

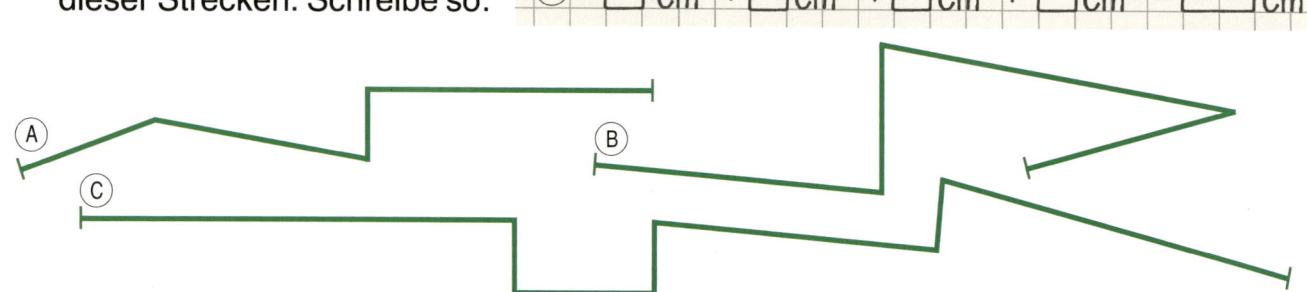

④ Zeichne Strecken wie bei Aufgabe 3 und rechne ihre Gesamtlänge aus.

a = 2 cm + 5 cm + 3 cm

b = 6 cm + 4 cm + 2 cm

c = 7 cm + 4 cm + 1 cm + 6 cm

d = 3 cm + 8 cm + 5 cm + 9 cm

Zeichne Quadrate.

⑤ Seitenlänge: 5 cm

⑥ Seitenlänge: 7 cm

⑦ Seitenlänge: 2 cm 5 mm

⑧ Seitenlänge: 4 cm 5 mm

Zeichne Rechtecke.

⑨ Länge: 6 cm, Breite: 2 cm

⑩ Länge: 8 cm, Breite: 3 cm 5 mm

Lege die Beträge mit Spielgeld. Fasse geschickt zusammen.

① 45 € + 13 € =   ② 38 € + 32 € =   ③ 67 € + 24 € =   ④ 55 € + 28 € =

⑤ 59 ct + 34 ct =   ⑥ 18 ct + 49 ct =   ⑦ 46 ct + 35 ct =   ⑧ 53 ct + 47 ct =

⑨ Sandra kauft ein Brötchen für 29 ct und eine Brezel für 56 ct.

⑩ Furkan kauft ein Stofftier für 24 €. Er bezahlt mit 50 €.

⑪ Robin kauft ein Auto für 17 € und ein Häschen für 16 €. Er bezahlt mit 100 €.

⑫ 46 − 10 =   ⑬ 72 − 5 =   ⑭ 63 − 6 =   ⑮ 24 − 8 =   ⑯ 36 − 6 =

46 − 8 =   72 − 7 =   73 − 5 =   33 − 7 =   34 − 7 =

46 − 6 =   72 − 9 =   83 − 4 =   42 − 6 =   32 − 8 =

…   …   …   …   …

⑰ Welches ist der kürzeste, welches ist der längste Weg? Schätze zuerst.
Miss und rechne dann.

⑱ Zeichne Strecken ins Heft.

$\overline{AB}$ = 6 cm $\overline{CD}$ = 2 cm $\overline{EF}$ = 12 cm $\overline{GH}$ = 7 cm $\overline{IJ}$ = 1 cm $\overline{KL}$ = 9 cm

Zeichne Rechtecke.   Zeichne Quadrate.

⑲ Länge: 4 cm, Breite: 3 cm   ㉑ Seitenlänge: 3 cm   ㉓ Seitenlänge: 1 cm 5 mm

⑳ Länge: 7 cm, Breite: 1 cm   ㉒ Seitenlänge: 6 cm   ㉔ Seitenlänge: 5 cm 5 mm

㉕ 85 − 37 =   ㉖ 74 − 55 =   ㉗ 41 − 25 =   ㉘ 56 − 18 =   ㉙ 64 − 28 =

92 − 26 =   37 − 19 =   53 − 36 =   60 − 31 =   87 − 39 =

㉚ Sina hat 64 schöne Steine. Kathi hat 27 Steine weniger.

㉛ Linus hat 53 Spielautos, sein Freund Mirco hat nur 37 Autos.

㉜ Maren hat 15 Fingerpuppen. Sie hat damit 9 weniger als Beyza.

Sprecht über die Bilder. Findet Plus- und Malaufgaben.

⑦ Legt Dinge so, dass ihr Plus- und Malaufgaben finden könnt.

⑧	⑨	⑩	⑪	⑫
40 − 8 =	70 − 9 =	83 − 6 =	28 + 6 =	37 + 23 =
60 − 6 =	50 − 7 =	91 − 3 =	43 + 8 =	52 + 38 =
80 − 4 =	30 − 5 =	64 − 9 =	69 + 4 =	65 + 15 =

Schreibe jeweils eine Plusaufgabe
und eine Malaufgabe auf.

Wie viele Brötchen sind es?

S. 53

① $3 + 3 + 3 + 3 + 3 + 3 =$

$6 \cdot 3 =$

Es sind ...

① ② ③ ④ ⑤

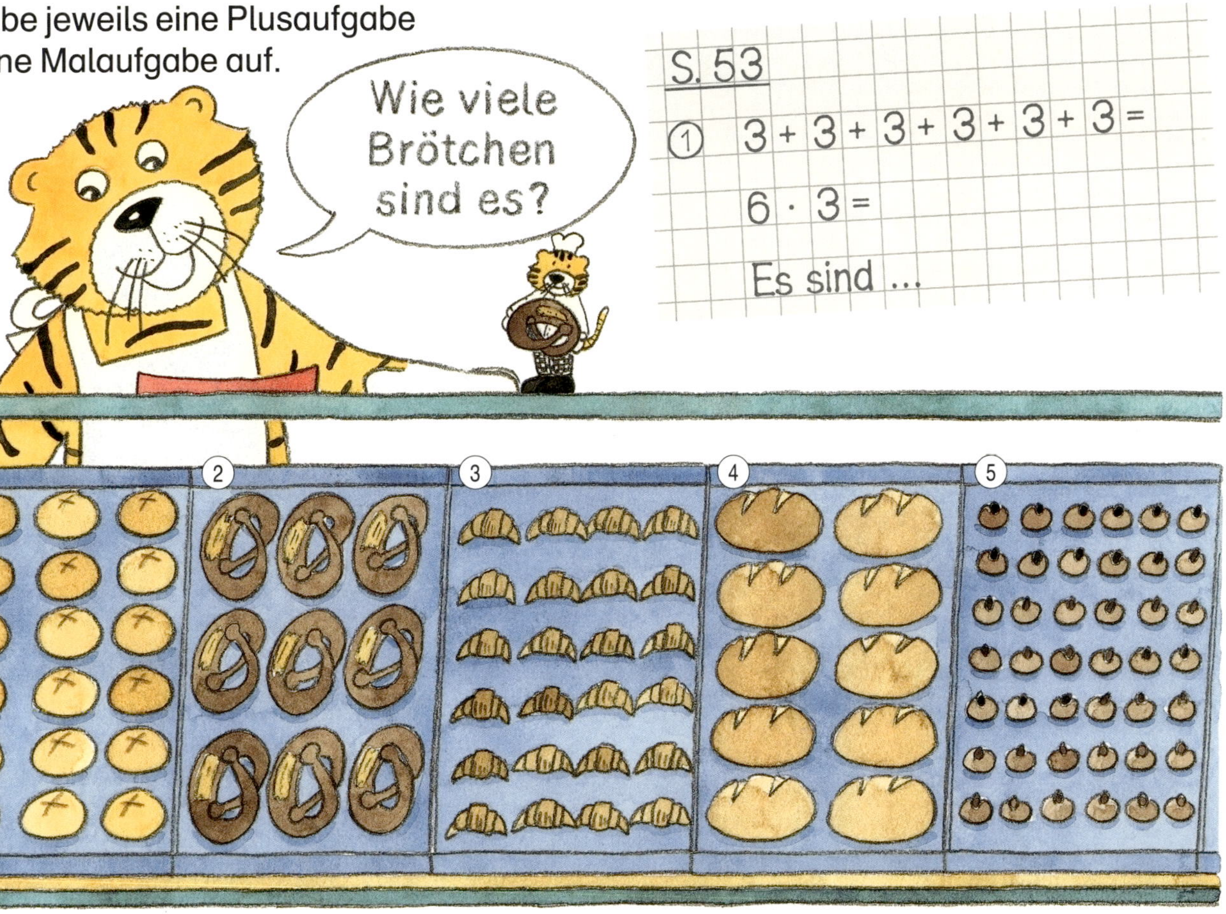

Partnerarbeit

Legt mit Steckwürfeln und schreibt jeweils eine Plus- und eine Malaufgabe auf.

⑥ 4 Reihen
mit je 5 Steckwürfeln

⑩ 5 Reihen
mit je 5 Steckwürfeln

⑦ 8 Reihen
mit je 4 Steckwürfeln

⑪ 10 Reihen
mit je 3 Steckwürfeln

⑧ 2 Reihen
mit je 9 Steckwürfeln

⑫ 3 Reihen
mit je 8 Steckwürfeln

⑨ 7 Reihen
mit je 2 Steckwürfeln

⑬ 6 Reihen
mit je 7 Steckwürfeln

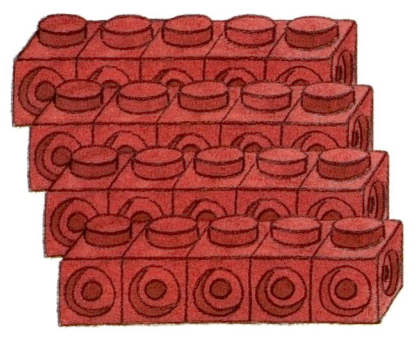

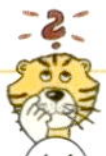

⑭ Sammelt Verpackungen und andere Dinge, bei denen ihr
Malaufgaben entdecken könnt.

Malaufgaben-Ausstellung

5 · 4   12   2 · 5

6 · 4

10

18

3 · 6

24   2 · 6   20

① Finde zu den Punktebildern A, B und C jeweils eine Malaufgabe und eine Plusaufgabe. Vergleiche dein Ergebnis mit dem Ergebnis deines Partners. Was fällt auf?

Stemple jeweils ein Punktebild und schreibe zwei Malaufgaben dazu.

② $4 + 4 + 4 + 4 + 4 + 4 =$ ④ $5 + 5 + 5 + 5 + 5 + 5 + 5 =$ ⑥ $8 + 8 + 8 =$

③ $6 + 6 + 6 + 6 =$ ⑤ $7 + 7 + 7 + 7 + 7 =$ ⑦ $3 + 3 + 3 + 3 + 3 + 3 + 3 + 3 =$

Behauptung

Zu jedem Punktebild gibt es zwei Plusaufgaben und zwei Malaufgaben. Stimmt das immer?

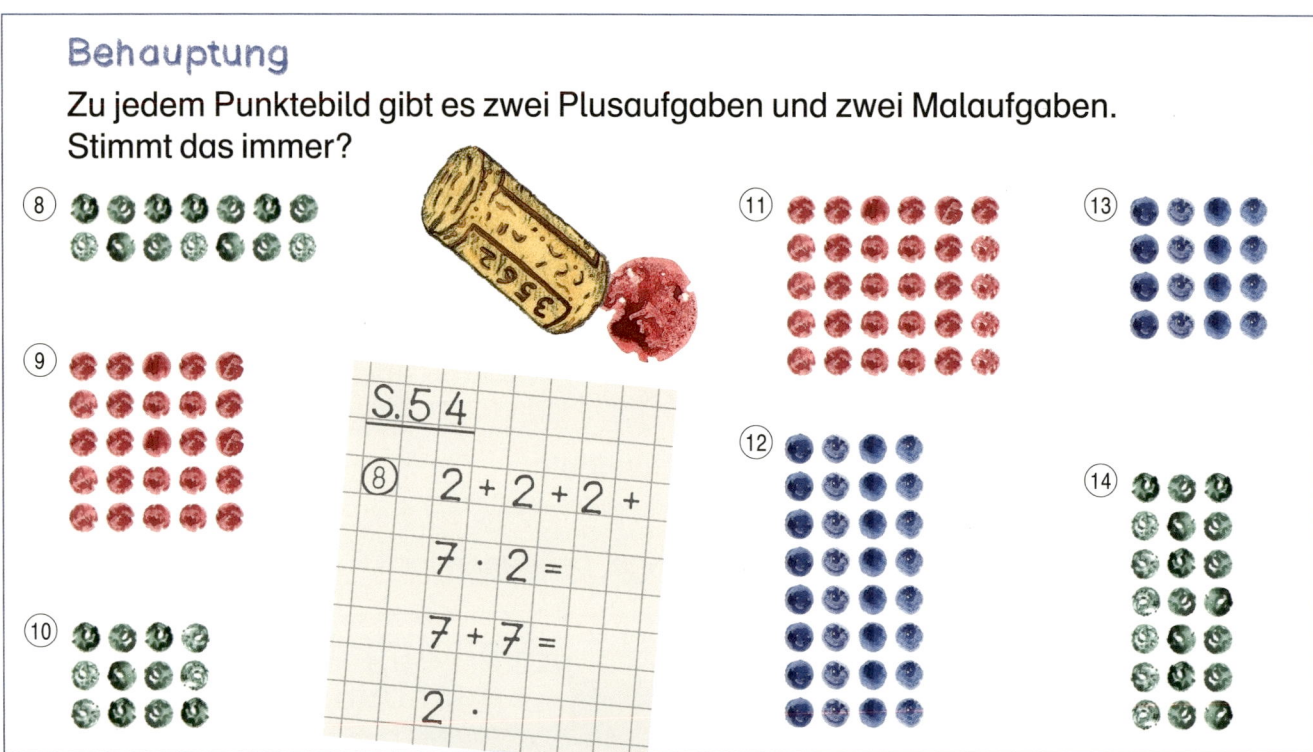

Stemple jeweils ein Punktebild und schreibe möglichst viele Aufgaben dazu.

⑮ $8 \cdot 2 =$ ⑰ $2 \cdot 3 =$ ⑲ $10 + 10 + 10 + 10 =$ ㉑ $4 + 4 + 4 + 4 + 4 + 4 + 4 + 4 + 4 + 4 =$

⑯ $7 \cdot 6 =$ ⑱ $3 \cdot 9 =$ ⑳ $6 + 6 + 6 =$ ㉒ $5 + 5 + 5 + 5 + 5 + 5 + 5 + 5 =$

Futterplan *für Obst, Gemüse, Brot*	morgens	vormittags	mittags	nachmittags	abends	zusammen
Gorilla *Äpfel, Birnen*	3	–	–	3	–	**6**
Flusspferd *Futterrüben*	2	2	2	–	2	
Elefant *Rote Bete*	7	7	7	7	7	
Warzenschwein *trockene Brötchen*	1	1	1	1	1	
Zebra *trockene Brötchen*	5			5		**15**
Giraffe *Möhren*						**12**

① Die Tiere im Zoo bekommen immer die gleiche Menge Obst, Gemüse oder Brot. Fülle den Futterplan fertig aus.

② Finde zum Futterplan jedes Tieres eine Plus- und eine Malaufgabe. Vergleiche mit deinem Partner.

③ Rechne aus, wie viel Obst- und Gemüsestücke alle Tiere zusammen bekommen.

Schreibe einen Futterplan für diese Tiere.

④ Der Seehund bekommt 4-mal 7 Fische.

⑤ Die Möwe bekommt 3-mal 2 Fische.

⑥ Der Eisbär bekommt 5-mal 10 Fische.

⑦ Der Pinguin bekommt 2-mal 8 Fische.

⑧ Wie viele Fische benötigt der Zoo an einem Tag und in einer Woche?

Zeige die Malaufgaben an der Rechenmaschine und schreibe sie mit der Tauschaufgabe auf.

⑨ $6 \cdot 4 =$ ⑪ $4 \cdot 10 =$ ⑬ $8 \cdot 6 =$ ⑮ $7 \cdot 8 =$ ⑰ $6 \cdot 6 =$

⑩ $3 \cdot 7 =$ ⑫ $5 \cdot 9 =$ ⑭ $9 \cdot 2 =$ ⑯ $10 \cdot 5 =$ ⑱ $9 \cdot 9 =$

Ü

⑲	⑳	㉑	㉒	㉓
$35 + 5 =$	$62 - 2 =$	$40 + 20 =$	$76 - 6 =$	$26 + 14 =$
$35 + 10 =$	$62 - 4 =$	$40 + 31 =$	$76 - 16 =$	$26 + 54 =$
$35 + 15 =$	$62 - 8 =$	$40 + 42 =$	$76 - 26 =$	$26 + 74 =$

Wie viele Flamingos siehst du?

① Wie viele Beine haben die Flamingos?
Trage in eine Tabelle ein.

S.56

① Flamingos	1	2	3	4	5	6	7	8	9	10
Beine	2									

② Baue die 2er-Reihe mit Steckwürfeln und zeichne ins Heft.

    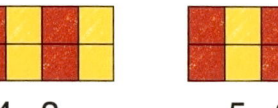

$1 \cdot 2 =$ $2 \cdot 2 =$ $3 \cdot 2 =$ $4 \cdot 2 =$ $5 \cdot 2 =$

Rechne zu jeder Frage eine Plus- und eine Malaufgabe.
Schreibe einen Antwortsatz.

③ Wie viele Flügel haben 6 Flamingos?   ⑤ Wie viele Augen haben 8 Flamingos?

④ Wie viele Beine haben 4 Flamingos?   ⑥ Wie viele Schnäbel haben 5 Flamingos?

⑦ $4 \cdot 2 =$ ⑨ $9 \cdot 2 =$ ⑪ $3 \cdot 2 =$ ⑬ $0 \cdot 2 =$ ⑮ $2 \cdot 2 =$

⑧ $7 \cdot 2 =$ ⑩ $6 \cdot 2 =$ ⑫ $10 \cdot 2 =$ ⑭ $8 \cdot 2 =$ ⑯ $5 \cdot 2 =$

Setze ein: >, <, =

⑰ $8 \cdot 2 \bigcirc 17$ ⑱ $13 \bigcirc 7 \cdot 2$ ⑲ $3 \cdot 2 \bigcirc 3 + 2$ ⑳ $10 + 5 \bigcirc 7 \cdot 2$

$5 \cdot 2 \bigcirc 9$ $6 \bigcirc 3 \cdot 2$ $8 \cdot 2 \bigcirc 8 + 2$ $7 + 4 \bigcirc 4 \cdot 2$

$6 \cdot 2 \bigcirc 12$ $30 \bigcirc 10 \cdot 2$ $2 \cdot 2 \bigcirc 2 + 2$ $8 + 3 \bigcirc 6 \cdot 2$

$4 \cdot 2 \bigcirc 14$ $4 \bigcirc 1 \cdot 2$ $0 \cdot 2 \bigcirc 0 + 2$ $13 + 6 \bigcirc 9 \cdot 2$

$9 \cdot 2 \bigcirc 19$ $3 \bigcirc 2 \cdot 2$ $1 \cdot 2 \bigcirc 1 + 2$ $6 + 3 \bigcirc 5 \cdot 2$

Das Einmaleins mit 4

Wie viele Beine haben die Tiere?
Schreibe immer eine Plus- und eine Malaufgabe auf.

① 3 Tiger ⑤ 4 Tiger und 3 Flamingos
② 7 Flamingos ⑥ 5 Flamingos und 5 Tiger
③ 6 Tiger ⑦ 8 Tiger und 4 Flamingos
④ 9 Flamingos ⑧ 6 Flamingos und 7 Tiger

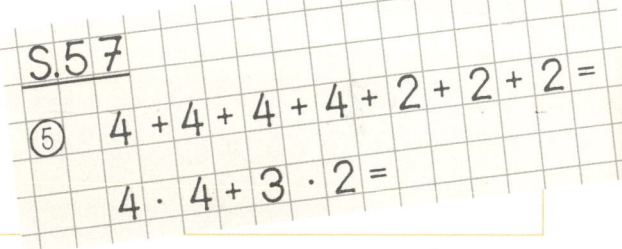

S. 57
⑤ $4 + 4 + 4 + 4 + 2 + 2 + 2 =$
   $4 \cdot 4 + 3 \cdot 2 =$

⑨ Setze fort und schreibe auch die
Tauschaufgabe dazu.

$1 \cdot 4 =$ $2 \cdot 4 =$ $3 \cdot 4 =$
$4 \cdot 1 =$ $4 \cdot 2 =$ $4 \cdot 3 =$

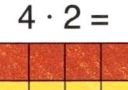

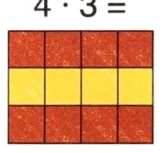

...

⑩ Auf welche Zahlen springen die Tiere?
Flamingo: 0, 2, 4, 6, … Tiger: 0, 4, 8, …

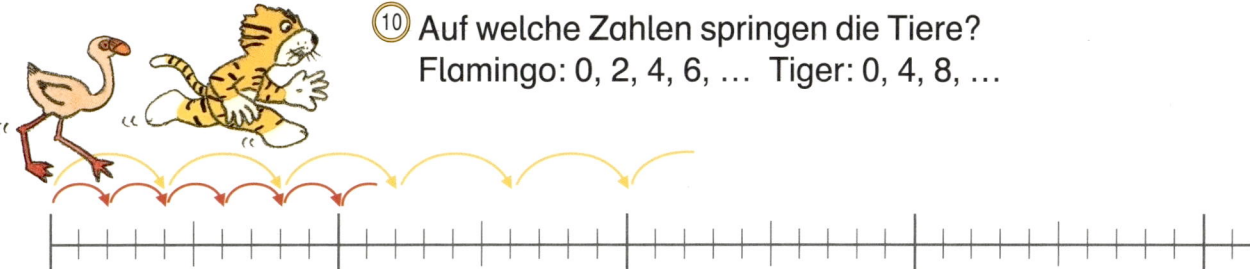

Rechne jeweils auch die Tauschaufgabe.

⑪ $3 \cdot 4 =$ ⑫ $2 \cdot 4 =$ ⑬ $1 \cdot 4 =$ ⑭ $0 \cdot 2 =$ ⑮ $3 \cdot 2 =$ ⑯ $5 \cdot 2 =$
   $6 \cdot 4 =$ $4 \cdot 4 =$ $5 \cdot 4 =$ $10 \cdot 2 =$ $7 \cdot 2 =$ $1 \cdot 2 =$
   $9 \cdot 4 =$ $8 \cdot 4 =$ $7 \cdot 4 =$ $6 \cdot 2 =$ $9 \cdot 2 =$ $8 \cdot 2 =$

① Baue mit Steckwürfeln die
Achterreihe und schreibe sie auf.

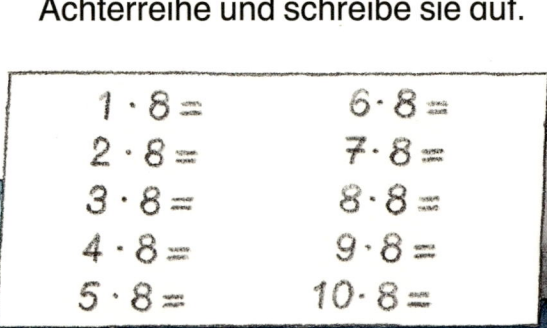

1 · 8 =	6 · 8 =
2 · 8 =	7 · 8 =
3 · 8 =	8 · 8 =
4 · 8 =	9 · 8 =
5 · 8 =	10 · 8 =

1 · 8 = 8   2 · 8 = 16   3 · 8 = 24

② Wie viele Beine
hat eine Spinne?
Übertrage die
Tabelle in dein
Heft und fülle
sie aus.

S.58

②

Spinnen	1	2		4	5		7	8	9	
Beine			24			48				80

③ Wie viele Beine haben diese Tiere jeweils?

a) 1 Fliege b) 9 Amseln c) 5 Schlangen d) 8 Hasen e) 7 Forellen f) 2 Tausendfüßler

④ Fülle deine 1x1-Tabelle
mit den Reihen,
die du schon kannst.

⑤ Übe die Einmaleins-Reihen
mit 2, 4 und 8 besonders gut.

⑥	⑦	⑧	⑨
8 · 2 =	4 · 2 =	2 · 2 =	9 · 2 =
8 · 4 =	4 · 4 =	2 · 4 =	9 · 4 =
8 · 8 =	4 · 8 =	2 · 8 =	9 · 8 =

⑩	⑪	⑫	⑬
5 · 2 =	7 · 2 =	3 · 2 =	6 · 2 =
5 · 4 =	7 · 4 =	3 · 4 =	6 · 4 =
5 · 8 =	7 · 8 =	3 · 8 =	6 · 8 =

·	0	1	2	3	4	5	6	7	8	9	10
0	0	0	0	0	0	0	0	0	0	0	0
1	0	1	2	3	4	5	6	7	8	9	10
2	0	2	4	6	8	10	12	14	16	18	20
3	0	3	6		12				24		
4	0	4	8	12	16	20	24	28	32	36	40
5	0	5	10		20				40		
6	0	6	12		24				48		
7	0	7	14		28				56		
8	0	8	16	24	32	40	48	56	64	72	80
9	0	9	18		36				72		
10	0	10	20		40				80		

Bevor ich die Antwort schreibe, lese ich nochmal die Frage!

Nicht vergessen!
1. Frage aufschreiben
2. Bild zeichnen
3. Rechnung aufschreiben
4. Kontrollieren
5. Antwort aufschreiben

Eintritt
Erwachsene 6 €
Kinder 4 €
Futterpäckchen
1 Päckchen 2 €
2 Päckchen 3 €
3 Päckchen 4 €

① 5 Kinder gehen zusammen in den Zoo. Der Eintritt für ein Kind kostet 4 €.

② Jedes der 5 Kinder kauft 2 Päckchen Futter für die Tiere.

③ Im Kleintiergehege sind 6 Kaninchen. Jedes Kaninchen hat 4 Junge.

④ Im Papageienhaus sind 4 Käfige, in jedem Käfig sind 8 wunderschöne Papageien.

⑤ Im Zoo sind 3 Seelöwen. Bei der Fütterung bekommt jeder von ihnen 8 Fische.

⑥ Im Raubtierhaus sind 7 wilde Raubkatzen-Pärchen zu sehen.

⑦ Im Tropenhaus gibt es 9 verschiedene Froscharten. Von jeder Art besitzt der Zoo 4 Frösche.

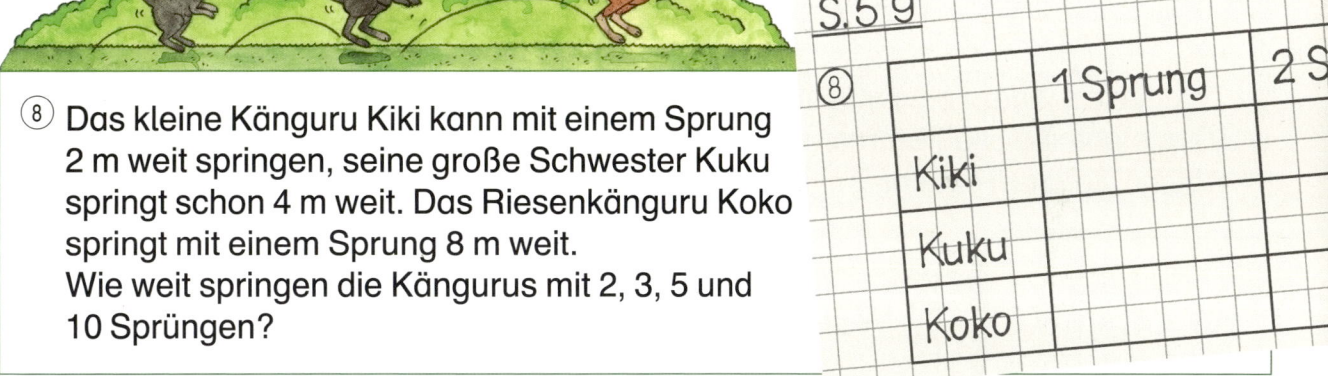

⑧ Das kleine Känguru Kiki kann mit einem Sprung 2 m weit springen, seine große Schwester Kuku springt schon 4 m weit. Das Riesenkänguru Koko springt mit einem Sprung 8 m weit.
Wie weit springen die Kängurus mit 2, 3, 5 und 10 Sprüngen?

S. 59

⑧	1 Sprung	2 S
Kiki		
Kuku		
Koko		

⑨ Finde passende Aufgaben.

Partnerarbeit

① Würfelt 24-mal und schreibt im Würfelplan auf, wie oft ihr jede Zahl gewürfelt habt.

② Elena behauptet: „Jede Zahl muss genau viermal vorkommen, weil 6 · 4 = 24 ist." Stimmt Elenas Behauptung?

③ Vergleicht eure Würfelpläne.

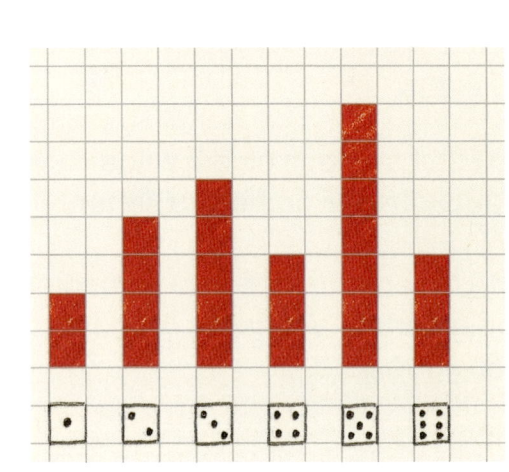

④ Merlin hat ein Säulendiagramm gezeichnet. Für jede gewürfelte Zahl hat er ein Kästchen angemalt.

   a) Wie oft hat er jede Zahl gewürfelt?

   b) Welche Zahl hat Merlin am häufigsten gewürfelt?

   c) Welche Zahl hat er am seltensten gewürfelt?

⑤ Zeichne ein Säulendiagramm mit dem Ergebnis von Aufgabe 1.

⑥ Zeichne zu jedem dieser Würfelpläne ein Säulendiagramm. Vergleiche die Diagramme. Welche Zahl wurde am häufigsten, welche Zahl am seltensten gewürfelt?

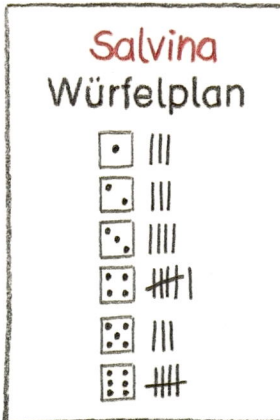

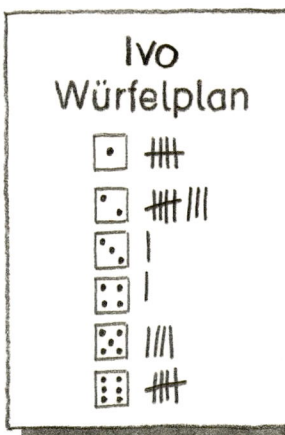

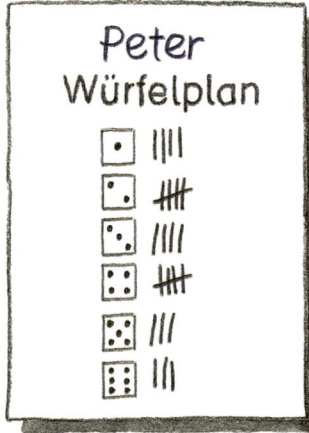

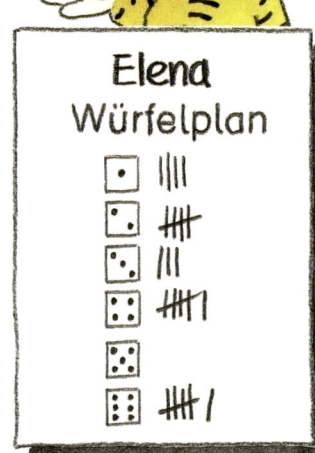

⑦ Addiere die Augenzahlen von jedem der vier Kinder. Wer hat die höchste Augenzahl?

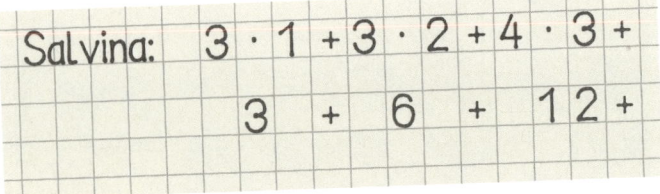

Salvina: $3 \cdot 1 + 3 \cdot 2 + 4 \cdot 3 +$

$\ \ \ 3\ +\ 6\ +\ 12\ +$

⑧ Addiere auch deine gewürfelten Augenzahlen.

Geburtstage in den 2. Klassen

	Jan	Feb	März	Apr	Mai	Jun	Jul	Aug	Sept	Okt	Nov	Dez
2a	//	//	/	//	/	//		/	////	/	///	//
2b	////	///	///	//	//	/			⦀⦀ //			
2c	/	///	///	//	///			//	/		/	///

Die Kinder der 2. Klassen der Grundschule Bonndorf haben in der Liste aufgeschrieben, in welchem Monat sie Geburtstag haben.

① Wie viele Kinder sind in jeder Klasse?

② Wie viele Kinder haben insgesamt im Januar, im Februar usw. Geburtstag?

③ Zeichne ein Säulendiagramm mit den Zahlen von Aufgabe 2.

④ Was kann man alles in dem Säulendiagramm ablesen? Verwende die Begriffe *mehr als*, *weniger als*, *gleich viele wie*, *am wenigsten*, *am meisten* usw.

⑤ Welche Sätze sind richtig, welche sind falsch?

Ⓐ Im Januar haben gleich viele Kinder Geburtstag wie im März.

Ⓑ In Klasse 2c gibt es 3 Monate ohne Geburtstag.

Ⓒ Es gibt keinen Monat mit genau 10 Geburtstagen.

Ⓓ Es gibt einen Monat, in dem in jeder Klasse gleich viele Kinder Geburtstag haben.

Ⓔ Es gibt mehr Monate, in denen 3 Kinder Geburtstag haben, als Monate, in denen 6 Kinder Geburtstag haben.

⑥ In welchem Monat haben die Kinder deiner Klasse Geburtstag? Erstelle eine Strichliste.

⑦ Stelle die Geburtstage in einem Säulendiagramm dar. Ein Kästchen entspricht einem Kind.

⑧ Was kann man alles in dem Säulendiagramm ablesen? Verwende die Begriffe von Aufgabe 4.

Gruppenarbeit

⑨ Sammelt weitere Daten aus eurer Klasse und stellt sie mit Strichlisten und Säulendiagrammen dar. Beispiel: *unsere Lieblingstiere*; *unser Lieblingsessen*; *unser Alter in Jahren*; *so kommen wir zur Schule* usw.

Wir teilen gerecht

Spielt die Rechengeschichten nach. Schreibt immer eine Frage und eine Antwort auf.

① **Wir teilen gerecht!**

② **Bildet Dreier-Gruppen.**

③ **Ich trage immer 4.**

④ **Ich esse jeden Tag zwei.**

⑤

⑥ **1 T-Shirt 7,- € 5 T-Shirts 30,- €**

⑦	⑧	⑨	⑩	⑪	⑫
2 · 2 =	9 · 2 =	1 · 4 =	10 · 4 =	16 = ☐ · 2	20 = ☐ · 4
4 · 2 =	7 · 2 =	3 · 4 =	8 · 4 =	10 = ☐ · 2	40 = ☐ · 4
6 · 2 =	5 · 2 =	5 · 4 =	6 · 4 =	8 = ☐ · 2	12 = ☐ · 4
8 · 2 =	3 · 2 =	7 · 4 =	4 · 4 =	20 = ☐ · 2	4 = ☐ · 4
10 · 2 =	1 · 2 =	9 · 4 =	2 · 4 =	14 = ☐ · 2	36 = ☐ · 4

Teile mit Steckwürfeln auf. Schreibe eine Frage, eine Geteiltaufgabe,
zur Kontrolle eine Malaufgabe und einen Lösungssatz.

① 18 Kirschen, immer 3 auf einen Teller

② 25 Bälle, immer 5 in eine Schachtel

③ 40 Kartoffeln, immer 8 in einen Sack

④ 32 Karten, immer 4 für einen Spieler

⑤ 30 Flaschen, immer 6 in eine Kiste

⑥ 14 Würstchen, immer 2 für eine Person

S. 63

① Wie viele Teller braucht man?

$18 : 3 = 6$

$6 \cdot 3 = 18$

Man braucht 6 Teller.

Löse diese Aufgaben mithilfe
von Punktebildern.

⑦ 24 Eier, immer 6 in eine Schachtel

⑧ 12 Bananen, immer 3 für einen Affen

⑨ 28 Möhren, immer 4 für einen Hasen

⑩ 32 Kekse, immer 8 für ein Kind

⑪ 6 Äpfel, immer 1 für ein Pferd

⑫ 15 Fische, immer 5 für einen Seehund

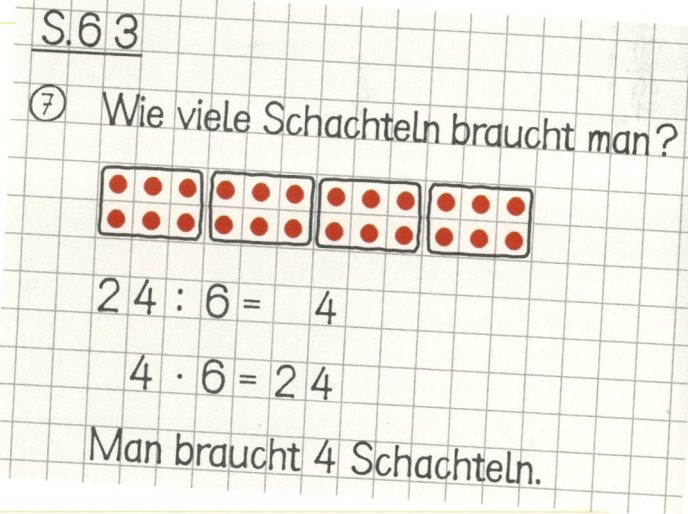

S. 63

⑦ Wie viele Schachteln braucht man?

$24 : 6 = 4$

$4 \cdot 6 = 24$

Man braucht 4 Schachteln.

⑬ $2 \cdot 4 =$	⑭ $2 \cdot 8 =$	⑮ $7 \cdot 2 =$	⑯ $3 \cdot 2 =$	⑰ $6 \cdot 4 =$
$4 \cdot 2 =$	$8 \cdot 2 =$	$2 \cdot 7 =$	$2 \cdot 3 =$	$4 \cdot 6 =$
⑱ $3 \cdot 4 =$	⑲ $3 \cdot 8 =$	⑳ $5 \cdot 2 =$	㉑ $9 \cdot 2 =$	㉒ $10 \cdot 4 =$
$4 \cdot 3 =$	$8 \cdot 3 =$	$2 \cdot 5 =$	$2 \cdot 9 =$	$4 \cdot 10 =$

Verteile mit Steckwürfeln. Schreibe eine Frage, eine Geteiltaufgabe, eine Malaufgabe und einen Lösungssatz.

① 20 Stücke Schokolade an 4 Kinder

② 18 Mandarinen an 3 Kinder

③ 24 Ballons an 6 Kinder

④ 5 Tütchen an 5 Kinder

⑤ 12 Limonaden an 6 Kinder

⑥ 15 Kekse an 5 Kinder

S.64

① Wie viele Stücke Schokolade bekommt jedes Kind?

$20 : 4 =$

$4 \cdot 5 =$

Jedes Kind bekommt ...

Verteile:

⑦ 6 Bälle in 3 Netze

⑧ 20 Sticker an 10 Kinder

⑨ 16 Kreisel in 2 Schachteln

⑩ 16 Kekse auf 4 Teller

⑪ 27 Blumen in 3 Vasen

⑫ 14 Stühle an 2 Tische

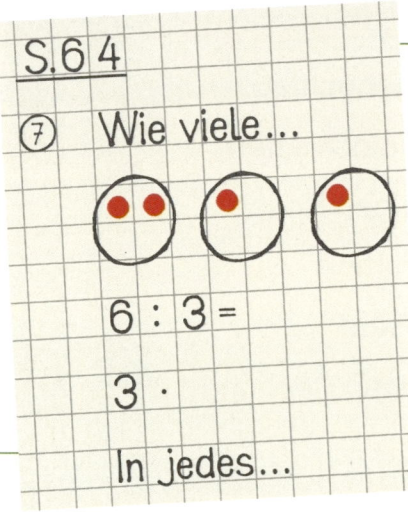

S.64

⑦ Wie viele...

$6 : 3 =$

$3 \cdot$

In jedes...

1. Frage aufschreiben
2. Kreise zeichnen
3. Punkte verteilen
4. Geteiltaufgabe
5. Malaufgabe
6. Lösungssatz

⑬	⑭	⑮	⑯	⑰
$34 + 60 =$	$15 + 15 =$	$38 + 12 =$	$70 - 18 =$	$84 - 24 =$
$45 + 50 =$	$15 + 17 =$	$38 + 17 =$	$70 - 20 =$	$82 - 24 =$
$56 + 40 =$	$15 + 19 =$	$38 + 22 =$	$70 - 22 =$	$80 - 24 =$
...	...	...	...	...

Zeichne zu jeder Aufgabe ein Punktebild und schreibe jeweils 2 Malaufgaben dazu.

① 3 + 3 + 3 + 3 =   ③ 8 + 8 + 8 + 8 + 8 =   ⑤ 10 + 10 =   ⑦ 6 + 6 + 6 + 6 + 6 + 6 + 6 =

② 7 + 7 + 7 =   ④ 5 + 5 + 5 + 5 + 5 + 5 =   ⑥ 4 + 4 + 4 + 4 =   ⑧ 9 + 9 + 9 + 9 + 9 + 9 =

Schreibe eine Frage, eine Rechnung und die Antwort.

⑨ Der Elefant bekommt 4-mal täglich 2 Salate.

⑪ Der Seelöwe bekommt 4-mal täglich 8 Fische.

⑩ Der Affe bekommt 3-mal täglich 4 Bananen.

⑫ Das Pferd bekommt 5-mal täglich 2 Äpfel.

⑬
Tiger	2		5
Beine		12	28

⑭
Flamingos		4		9
Augen		6	14	

Rechne auch jeweils die Tauschaufgabe dazu.

⑮ 3 · 2 =
3 · 4 =
3 · 8 =

⑯ 7 · 2 =
7 · 4 =
7 · 8 =

⑰ 4 · 8 =
4 · 4 =
4 · 2 =

⑱ 6 · 8 =
6 · 4 =
6 · 2 =

⑲ 5 · 4 =
9 · 2 =
2 · 8 =

⑳ 8 · 8 =
10 · 2 =
9 · 4 =

Verteile gerecht. Zeichne, schreibe eine Rechnung und die Kontrollaufgabe.

㉑ 15 Bonbons an 3 Kinder

㉓ 12 Bücher an 6 Kinder

㉒ 8 Äpfel an 4 Kinder

㉔ 20 Gummibärchen an 5 Kinder

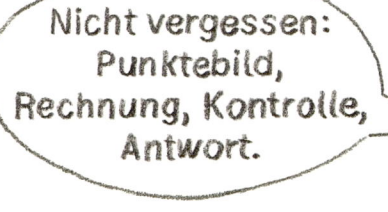

Nicht vergessen:
Punktebild,
Rechnung, Kontrolle,
Antwort.

㉕ Beim Geburtstagsfest sind 8 Kinder.
Jedes Kind isst 2 Muffins.
Wie viele Muffins werden gegessen?

㉖ Reifendienst Schmid wechselt bei 5 Autos die Reifen.
Wie viele Reifen werden gewechselt?

㉘ Reifendienst Schmid hat am Montag 36 Reifen gewechselt. Bei wie vielen Autos wurden die Reifen gewechselt?

㉗ Im Klassenzimmer stehen 5 Gruppentische. An jedem Gruppentisch sitzen 6 Kinder.
Wie viele Kinder sind in der Klasse?

㉙ In der Klasse sind 28 Kinder.
Immer 4 Kinder sitzen an einem Gruppentisch.
Wie viele Gruppentische sind es?

 A

 B
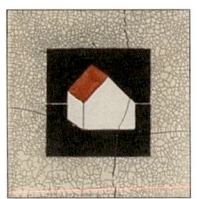

C

D

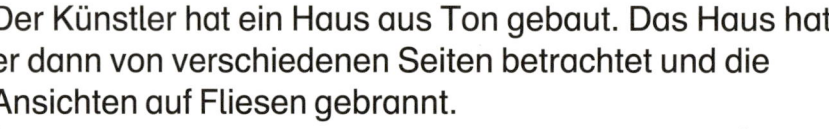

E
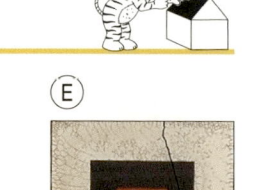

F

G

H

Der Künstler hat ein Haus aus Ton gebaut. Das Haus hat er dann von verschiedenen Seiten betrachtet und die Ansichten auf Fliesen gebrannt.

(*Idyll I und II: Raku-Keramik, Gerhard Schwarz, Stühlingen*)

① Baue das Haus nach (Beilage 6).

② Betrachte dein Haus von verschiedenen Seiten, so wie es der Künstler getan hat.

③ **Partnerarbeit**

Stelle dein Haus auf den Tisch.
Beschreibe deinem Partner, von welcher Stelle die Fliesen a bis h das Haus zeigen.
Verwende die Begriffe „von links", „von rechts", „von vorne", usw.

④ Zeichne die Ansichten des Hauses von links, von rechts, von vorne und von hinten in dein Heft. Wie sieht das Haus von oben aus? Zeichne auch dieses Bild in dein Heft.

⑤ Ordne die Ansichten dem Haus zu.

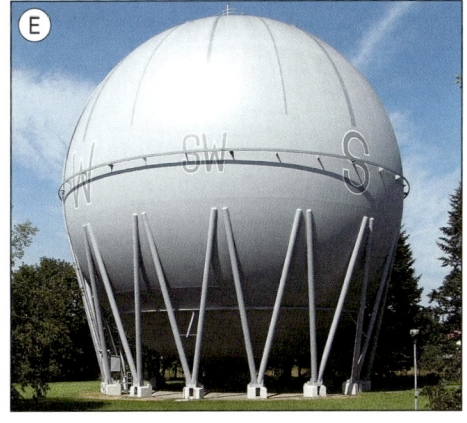

① Beschreibt die Gebäude. Welche Besonderheiten haben sie?

② Ordne den Körpern A bis E folgende Namen zu: Quader, Pyramide, Kugel, Zylinder, Würfel.

③ Wo findest du die Körperformen bei den Gebäuden?

④ Beschreibt die Körper genau. Bei welchen Körpern findet ihr die Flächen Kreis, Quadrat, Rechteck, Dreieck?

⑤ Welche Körper rollen? Warum rollen manche Körper nicht?

⑥ **Gruppenarbeit**
Mit gleichartigen Bauklötzen könnt ihr versuchen die Körper zu stapeln. Probiert mehrere Möglichkeiten aus. Sprecht über eure Erfahrungen.

⑦ Sammelt Verpackungen und andere Gegenstände, bei denen ihr die Körperformen entdecken könnt. Baut eine **Körperausstellung** auf.

Wir bauen Körper

① **Gruppenarbeit**
Betrachtet die Körper genau. Baut sie dann aus Knete, Holzstäbchen und Papier.

② Wie viele Ecken, Kanten und Flächen haben die Körper? Trage die Ergebnisse in eine Tabelle ein.

	▢ Würfel	▱ Quader	△ Pyramide	○ Kugel	⬓ Zylinder
Anzahl der Flächen					
Anzahl der Ecken					
Anzahl der Kanten					

③ 74 − 10 =
74 − 12 =
74 − 14 =
74 − 16 =
…

④ 53 + 7 =
53 + 9 =
53 + 11 =
53 + 13 =
…

⑤ 10 + 17 =
15 + 17 =
20 + 17 =
25 + 17 =
…

⑥ 2 · 2 =
4 · 2 =
6 · 2 =
8 · 2 =
…

⑦ 1 · 4 =
3 · 4 =
5 · 4 =
7 · 4 =
…

Vom Einmaleins mit 10 zum Einmaleins mit 5

① Finde zu jedem Bild eine Malaufgabe mit 10 und eine mit 5.

 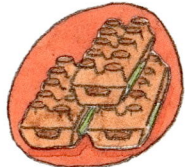   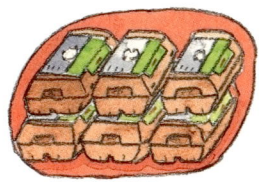

② Schreibe zu jeder Aufgabe eine passende
Malaufgabe mit 10. Geht das immer?

6 · 5 =   8 · 5 =

5 · 5 =   0 · 5 =

9 · 5 =   2 · 5 =

4 · 5 =   7 · 5 =

3 · 5 =   10 · 5 =

S.69

② 6 · 5 = 30

3 · 10 = 30

Schreibe die Reihen auf.

③ 0 · 5 =

1 · 5 =

2 · 5 =

bis

10 · 5 =

④ 0 · 10 =

1 · 10 =

2 · 10 =

bis

10 · 10 =

Löse die Aufgaben so:
6 · 10 + 3 · 5 = 60 + 15 = 75

⑤ 2 · 10 + 5 · 5 =

⑥ 4 · 10 + 2 · 5 =

⑦ 6 · 10 + 7 · 5 =

⑧ 3 · 10 + 9 · 5 =

⑨ 5 · 10 + 4 · 5 =

⑩ 7 · 10 + 3 · 5 =

⑪ 8 · 5 + 3 · 10 =

⑫ 6 · 5 + 6 · 10 =

⑬ 9 · 5 + 1 · 10 =

⑭ 4 · 5 + 8 · 10 =

⑮ 10 · 5 + 5 · 10 =

⑯ 1 · 5 + 9 · 10 =

⑰ 45 + 5 =

45 + 10 =

45 + 15 =

⑱ 37 + 8 =

37 + 10 =

37 + 18 =

⑲ 96 − 6 =

96 − 10 =

96 − 16 =

⑳ 84 − 7 =

84 − 10 =

84 − 17 =

㉑ 52 + 19 =

52 − 19 =

52 + 39 =

Von den Kernaufgaben zum Einmaleins

2er-Reihe
1 · 2 = 2
2 · 2 =
5 · 2 =
10 · 2 =

4er-Reihe
1 · 4 =
2 · 4 =
4 · 4 =
5 · 4 =
10 · 4 =

5er-Reihe
1 · 5 =
2 · 5 =
5 · 5 =
10 · 5 =

8er-Reihe
1 · 8 =
2 · 8 =
5 · 8 =
8 · 8 =
10 · 8 =

Die wichtigsten Aufgaben der Einmaleinsreihen heißen **Kernaufgaben**.

10er-Reihe
1 · 10 =
2 · 10 =
5 · 10 =
10 · 10 =

① Schreibe die Kernaufgaben dieser Einmaleinsreihen auf.

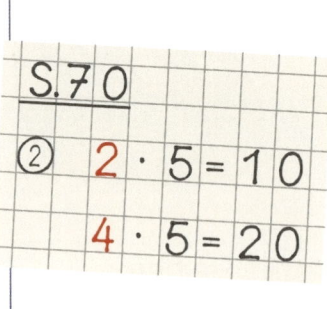

S. 70

② 2 · 5 = 10
4 · 5 = 20

Finde jeweils die Verdoppelungsaufgabe.

② 2 · 5 =
③ 5 · 5 =
④ 1 · 5 =
⑤ 2 · 2 =
⑥ 5 · 2 =

⑦ 1 · 2 =
⑧ 5 · 4 =
⑨ 4 · 4 =
⑩ 1 · 4 =
⑪ 2 · 10 =

⑫ 5 · 10 =
⑬ 1 · 10 =
⑭ 2 · 8 =
⑮ 5 · 8 =
⑯ 1 · 8 =

S. 70

⑰ 2 · 2 = 4
3 · 2 = 6

Suche jeweils eine Nachbaraufgabe.

⑰ 2 · 2 =
⑱ 5 · 2 =
⑲ 10 · 2 =
⑳ 2 · 4 =

㉑ 5 · 4 =
㉒ 10 · 4 =
㉓ 2 · 5 =
㉔ 10 · 5 =

㉕ 5 · 5 =
㉖ 2 · 8 =
㉗ 5 · 8 =
㉘ 8 · 8 =

㉙ Fülle zu einigen Reihen den Einmaleinsplan aus.

Kernaufgabe	Nachbaraufgabe	Verdoppelungsaufgabe
1 · ☐ =		
2 · ☐ = →	3 · ☐ =	
2 · ☐ = →		4 · ☐ =
5 · ☐ = →	6 · ☐ =	8 · ☐ =
	7 · ☐ =	
10 · ☐ = →	9 · ☐ =	

Marc geht dreimal.

Lisa trägt immer
3 Bücher.

Tobias geht zweimal.

Tobias trägt immer
5 Teller weg.

Marc trägt immer
2 Flaschen weg.

Lisa geht viermal.

① Immer zwei Rechengeschichten gehören zusammen.
Warum? Schreibe die passenden Rechnungen nebeneinander.

Schreibe zu folgenden Kernaufgaben die passende Umkehraufgabe.

②	③	④	⑤	⑥
$1 \cdot 5 =$	$1 \cdot 10 =$	$1 \cdot 2 =$	$1 \cdot 4 =$	$1 \cdot 8 =$
$2 \cdot 5 =$	$2 \cdot 10 =$	$2 \cdot 2 =$	$2 \cdot 4 =$	$2 \cdot 8 =$
$5 \cdot 5 =$	$5 \cdot 10 =$	$5 \cdot 2 =$	$4 \cdot 4 =$	$5 \cdot 8 =$
$10 \cdot 5 =$	$10 \cdot 10 =$	$10 \cdot 2 =$	$5 \cdot 4 =$	$8 \cdot 8 =$
			$10 \cdot 4 =$	$10 \cdot 8 =$

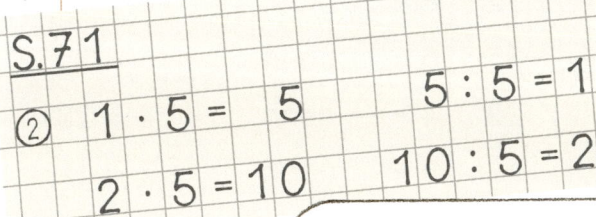

S. 71
② $1 \cdot 5 = 5$ $5 : 5 = 1$
   $2 \cdot 5 = 10$ $10 : 5 = 2$

Frage, Rechnung, Kontrolle und Antwort.

⑦ Der Bäcker verpackt
30 Brötchen, immer
5 in eine Tüte.

⑧ Anja klebt immer
8 Bilder auf eine Seite.
7 Seiten sind voll.

⑨ Es sind 24 Kinder,
immer 4 in einer
Gruppe.

⑩	⑪	⑫	⑬
$6 \cdot 4 \bigcirc 3 \cdot 8$	$3 \cdot 5 \bigcirc 8 \cdot 2$	$2 \cdot 2 \bigcirc 49 - 43$	$17 + 18 \bigcirc 6 \cdot 5$
$8 \cdot 4 \bigcirc 5 \cdot 8$	$7 \cdot 5 \bigcirc 6 \cdot 2$	$4 \cdot 4 \bigcirc 32 - 16$	$23 + 39 \bigcirc 3 \cdot 4$
$5 \cdot 4 \bigcirc 2 \cdot 8$	$4 \cdot 5 \bigcirc 10 \cdot 2$	$5 \cdot 5 \bigcirc 85 - 65$	$36 + 36 \bigcirc 9 \cdot 8$
$9 \cdot 4 \bigcirc 7 \cdot 8$	$9 \cdot 5 \bigcirc 9 \cdot 2$	$8 \cdot 8 \bigcirc 100 - 35$	$48 + 15 \bigcirc 7 \cdot 10$

① Lukas denkt sich eine Zahl.
Er multipliziert sie mit 4 und erhält 32.

② Pia denkt sich eine Zahl.
Sie dividiert sie durch 2 und erhält 9.

③ Julia denkt sich eine Zahl.
Sie multipliziert sie mit 10 und erhält 60.

④ Heiko denkt sich eine Zahl.
Er dividiert sie durch 8 und erhält 3.

⑤ Alex denkt sich eine Zahl.
Er multipliziert sie mit 4,
dividiert durch 5 und erhält 8.

⑥ Johanna denkt sich eine Zahl.
Sie dividiert sie durch 10,
multipliziert mit 2 und erhält 10.

⑦ 20 : 5 = ☐, denn ☐ · 5 = 20

36 : 4 = ☐, denn ☐ · 4 = 36

56 : 8 = ☐, denn ☐ · 8 = 56

40 : 10 = ☐, denn ☐ · 10 = 40

16 : 2 = ☐, denn ☐ · 2 = 16

⑧ 60 : 10 = ☐, denn ☐ · 10 = 60

72 : 8 = ☐, denn ☐ · 8 = 72

35 : 5 = ☐, denn ☐ · 5 = 35

28 : 4 = ☐, denn ☐ · 4 = 28

12 : 2 = ☐, denn ☐ · 2 = 12

Setze die Reihen fort.

⑨
$0 \cdot 4 =$ $0 : 4 =$
$1 \cdot 4 =$ $4 : 4 =$
$2 \cdot 4 =$ $8 : 4 =$
…   …

⑩
$0 \cdot 5 =$ $0 : 5 =$
$1 \cdot 5 =$ $5 : 5 =$
$2 \cdot 5 =$ $10 : 5 =$
…   …

⑪
$10 \cdot 8 =$ $80 : 8 =$
$9 \cdot 8 =$ $72 : 8 =$
$8 \cdot 8 =$ $64 : 8 =$
…   …

⑫
$10 \cdot 10 =$ $100 : 10 =$
$9 \cdot 10 =$ $90 : 10 =$
$8 \cdot 10 =$ $80 : 10 =$
…   …

Löse die Pfeilbilder.

⑬   · 2   · 4   : 8

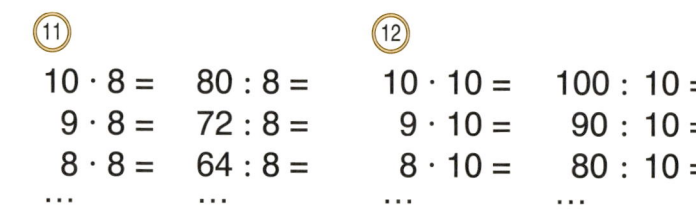

☐ ☐ ☐ 4

⑭   : 5   · 10   : 5

☐ ☐ ☐ 8

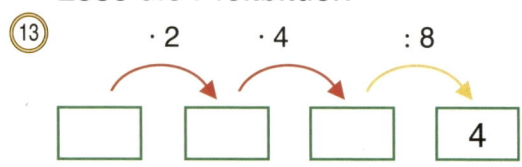

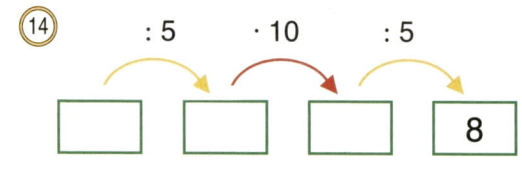

Messen mit Messgeräten

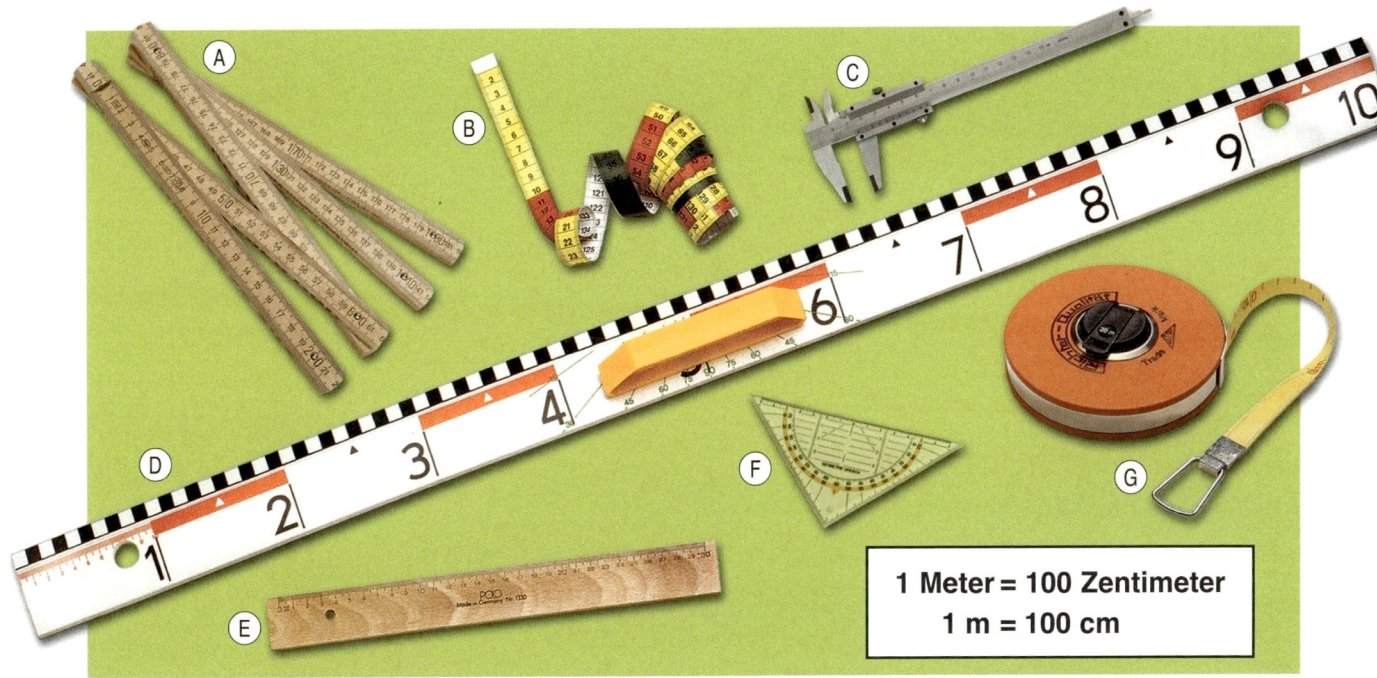

1 Meter = 100 Zentimeter
1 m = 100 cm

① Wie heißen die Messgeräte? Ordnet den Gegenständen A bis G die Namen zu:
Bandmaß, Geodreieck, Gliedermaßstab, Lineal, Maßband, Schieblehre, Tafellineal

② Du möchtest folgende Sachen messen:

Ⓐ Dicke einer Münze   Ⓔ Länge des Klassenzimmers

Ⓑ Breite der Tür   Ⓕ Länge eines Regalbrettes

Ⓒ Weitsprung   Ⓖ Höhe des Tisches

Ⓓ Bauchumfang   Ⓗ Breite des Fingers

Welches Messgerät verwendest du jeweils?

③ Schätze einige Längen im Klassenzimmer.
Überprüfe mit einem geeigneten Messgerät.

④ Ordne den Messgeräten verschiedene
Berufe zu. Schreibe wie im Beispiel.

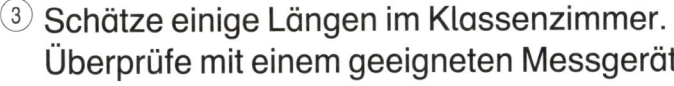

S. 73

④ Schieblehre: Feinmechaniker

Geodreieck:

⑤ **Gruppenarbeit**
Jede Gruppe erhält ein Messgerät.
Benutzt dieses Messgerät, um einen Papierstreifen
von genau 1 m Länge herzustellen. Sprecht über
eure Erfahrungen mit den Messgeräten.

⑥ Kennst du deine Maße? Messt euch und gestaltet ein Körperbuch.

Wir schätzen, messen und zeichnen

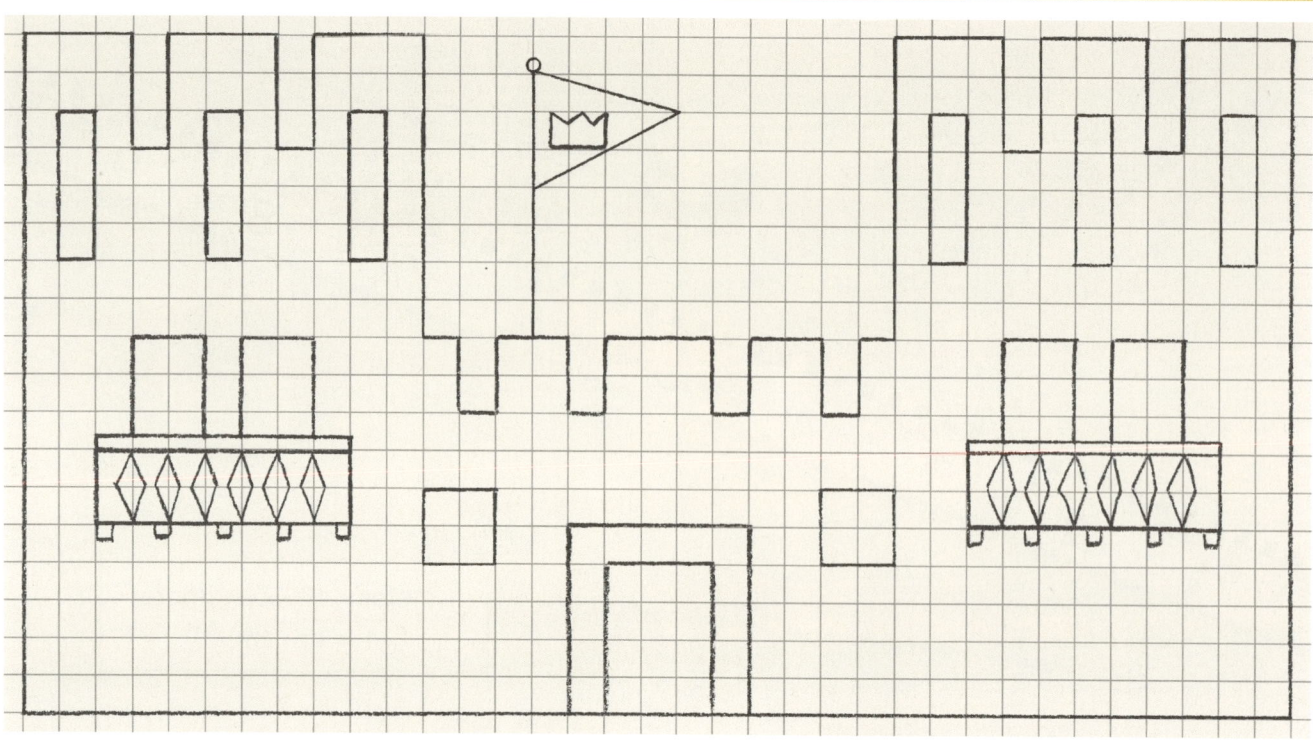

① Miss so viel du kannst und schreibe auf.

② Zeichne die Burg genau in dein Heft.

③ Welches ist der kürzeste Weg zur Prinzessin?
Schätze, miss und schreibe auf.

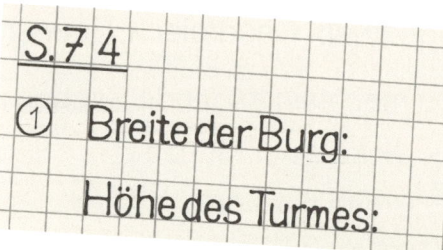

S.74

① Breite der Burg:

Höhe des Turmes:

Welche blauen Linien sind länger?
Schätze zuerst, miss dann nach.

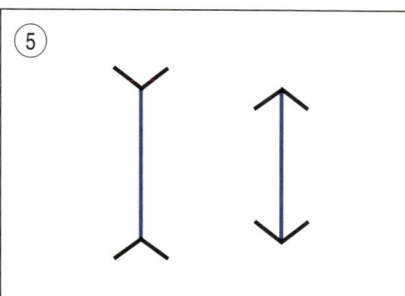

④

⑤

Welche Gitarre ist kürzer?
Miss nach.

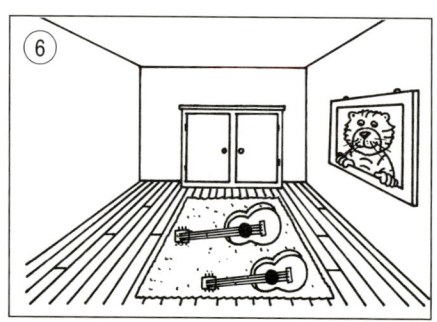

⑥

74

Wale – große und kleine Riesen

① Der Pottwal ist 16 m lang. Der Blauwal ist 9 m länger.

② Der Grindwal ist 19 m kürzer als der Blauwal.

③ Der Dalls Tümmler ist 4 m kürzer als der Grindwal.

④ Der Glattdelfin ist 13 m kürzer als der Pottwal.

⑤ Ordne die Wale nach der Länge. Beginne mit dem kürzesten Tier.

⑥ Wie lang sind die 5 Wale zusammen?

⑦ Messt im Schulhof die Länge des Blauwals ab und zeichnet sie mit Kreide auf. Zeichnet daneben die Längen der anderen Wale.

⑧ Ein Blauwal ist bei der Geburt etwa 7 m lang. Nach 7 Monaten ist er bereits 16 m lang.

⑨ Pottwale werden mit einer Länge von 4 Metern geboren. Mit 20 Jahren sind sie 3-mal so lang.

⑩ Ein Pottwal wird etwa 28 Jahre alt. Ein Grindwal wird etwa 17 Jahre älter.

⑪ Blauwale werden etwa 55 Jahre alt. Ein Mensch wird etwa 78 Jahre alt. Vergleiche.

⑫ Stellt ein Info-Plakat über Wale her. Benutzt Bücher, Zeitschriften, das Internet …

⑬ 4 · 2 + 5 =
6 · 4 + 7 =
3 · 8 + 9 =
7 · 2 + 3 =

⑭ 6 · 5 − 4 =
7 · 8 − 9 =
2 · 7 − 6 =
9 · 4 − 8 =

⑮ 18 : 2 =
24 : 8 =
40 : 5 =
12 : 4 =

⑯ 24 : 4 =
45 : 5 =
32 : 8 =
16 : 2 =

⑰ 28 : 4 =
16 : 2 =
64 : 8 =
35 : 5 =

Beim Schulfest

Beim Schulfest will die Klasse 2a das Spiel „Kugeln ziehen" anbieten. Wie auf dem Bild dargestellt, wollen sie die Säcke mit roten und blauen Kugeln füllen.

Gruppenarbeit

① Bei welchem Sack ist die Chance am größten, eine blaue Kugel zu ziehen, bei welchem am geringsten?

② Füllt drei Säcke wie oben, zieht je Sack zwanzig Mal eine Kugel und notiert eure Ergebnisse. Stimmen eure Überlegungen von Aufgabe 1?

③ Paul hat sechzehn Mal eine rote Kugel und vier Mal eine blaue Kugel gezogen. Aus welchem Sack könnte er die Kugeln gezogen haben?

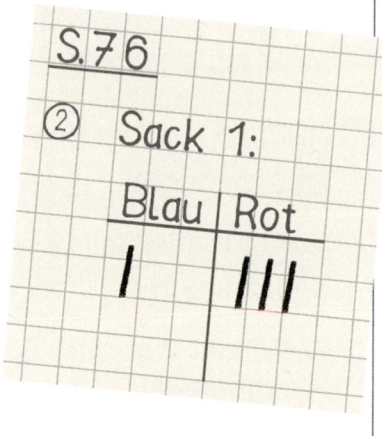

S.76
② Sack 1:

Blau	Rot
I	III

Die Klasse 2b hat einen Losstand. 7 Lose sind noch übrig. Drei kleine Gewinne und der Hauptgewinn sind noch zu vergeben.

④ Was steht auf den Losen? Beschriftet sieben Papierstreifen mit den Worten Niete, Gewinn oder Hauptgewinn.

⑤ Wie viele Lose muss man mindestens ziehen, damit man ganz sicher einen Gewinn erhält?

⑥ Füllt die Tabelle aus und überprüft mit den Losen.

Ich ziehe:	Hauptgewinn ist sicher	Hauptgewinn ist möglich	Hauptgewinn ist unmöglich
1 Los			
2 Lose			
3 Lose			
4 Lose			
5 Lose			
6 Lose			
7 Lose			

In der Klasse 2c kann man Glücksräder drehen.

⑦ Welches Glücksrad wählst du aus, wenn Blau gewinnen soll? Begründe.

⑧ Zeichne je ein Glücksrad
a) bei dem man nur selten gewinnt,
b) bei dem man sehr häufig gewinnt,

c) bei dem man immer gewinnt,
d) bei dem man nie gewinnt.

So viele Personen haben an den Spielen teilgenommen:

🔴 = 10 Personen

⚫ = 1 Person

Kugeln ziehen	Erwachsene	🔴🔴🔴🔴 ⚫⚫⚫⚫
Klasse 2a	Kinder	🔴🔴🔴🔴🔴 🔴🔴🔴 ⚫⚫⚫
Lose ziehen	Erwachsene	🔴🔴🔴🔴🔴 🔴 ⚫⚫⚫⚫⚫ ⚫⚫
Klasse 2b	Kinder	🔴🔴🔴🔴🔴 🔴🔴 ⚫⚫⚫⚫⚫
Glücksräder	Erwachsene	🔴🔴🔴🔴 ⚫⚫⚫⚫⚫ ⚫
Klasse 2c	Kinder	🔴🔴🔴🔴🔴 🔴🔴🔴🔴 ⚫⚫

⑨ Bei welchem Spiel waren die meisten Kinder, bei welchem die wenigsten?

⑩ Welches Spiel besuchten die meisten Erwachsenen, welches die wenigsten?

⑪ Wie viele Erwachsene waren insgesamt bei Klasse 2a und Klasse 2c?

⑫ Wie viele Kinder waren insgesamt bei allen drei Spielen?

⑬ Finde weitere Fragen zu der Tabelle.

⑭	⑮	⑯	⑰	⑱
36 + ☐ = 45	84 − ☐ = 76	24 + 43 =	5 · 8 =	20 : 2 =
48 + ☐ = 54	61 − ☐ = 57	31 + 68 =	4 · 5 =	36 : 4 =
55 + ☐ = 63	46 − ☐ = 39	48 + 11 =	6 · 4 =	30 : 5 =
74 + ☐ = 81	23 − ☐ = 17	52 + 46 =	8 · 2 =	56 : 8 =

Rechne jeweils auch die Tauschaufgabe.

① 2 · 5 = ② 3 · 10 = ③ 9 · 2 = ④ 7 · 0 = ⑤ 5 · 3 =
4 · 5 =   6 · 10 =   9 · 4 =   7 · 5 =   3 · 8 =
8 · 5 =   9 · 10 =   9 · 8 =   7 · 10 =   8 · 10 =

Denke beim Lösen an die Kernaufgaben.

⑥ 4 · 4 =   ⑦ 5 · 5 =   ⑧ 8 · 8 =   ⑨ 10 · 2 =   ⑩ □ · 10 = 10
□ · 4 = 20   □ · 5 = 30   □ · 8 = 56   □ · 2 = 18   □ · 10 = 20
□ · 4 = 24   □ · 5 = 35   □ · 8 = 48   □ · 2 = 16   □ · 10 = 30

⑪ Wie heißen die Körper?
Ordne diese Namen zu: Quader, Zylinder, Kugel, Würfel, Pyramide.

Ⓐ Ⓑ Ⓒ Ⓓ Ⓔ

⑫ Ich denke mir einen Körper. Er hat 5 Ecken,
8 Kanten und 5 Flächen. Wie heißt der Körper?

Körperrätsel

⑬ **Partnerarbeit**
Stelle deinem Partner weitere Körperrätsel.

Kontrolliere mit der Umkehraufgabe.

⑭ 14 : 2 =   ⑮ 24 : 4 =   ⑯ 48 : 8 =   ⑰ 30 : 5 =   ⑱ 60 : 10 =
12 : 2 =   16 : 4 =   32 : 8 =   15 : 5 =   90 : 10 =
16 : 2 =   28 : 4 =   72 : 8 =   45 : 5 =   40 : 10 =

Zahlenrätsel

⑲ Janka denkt sich eine Zahl. Sie multipliziert mit 4,
dividiert durch 8 und erhält 5.

⑳ Maria denkt sich eine Zahl. Sie addiert 20, dividiert
durch 5, multipliziert dann mit 4 und erhält 24.

㉑   · 8   : 4   · 10
[ ] [ ] [ ] [20]

㉒   : 4   · 5   : 2
[ ] [ ] [ ] [10]

㉓ Die Klosterkirche Birnau ist 51 m hoch.
Die Kirche im Nachbardorf Seefelden
ist 27 m hoch.

㉔ Die Schule in Altdorf ist 29 m lang.
Die Sporthalle ist 17 m länger.

㉕ Kai hat 35 Gummibärchen.
Er verteilt sie an seine 5 Freunde.

㉖ Danny trägt Stühle ins Klassenzimmer.
Er nimmt immer zwei und geht neunmal.

Wir stellen Muster her

① Stelle mit den Formen Muster her. Umfahre ein Formenplättchen und
verschiebe es. Umfahre wieder und verschiebe auf dieselbe Weise wie
beim ersten Mal. Fahre fort, bis ein Muster entstanden ist.

② Male deine Flächen mit verschiedenen Farben so an,
dass schöne Muster entstehen.

③ Schneide aus Karton unterschiedliche Figuren aus.
Stelle damit Verschiebe-Muster her.

④ 20 : 2 =	⑤ 12 : 4 =	⑥ 15 : 5 =	⑦ 72 : 8 =	⑧ 100 : 10 =
18 : 2 =	16 : 4 =	20 : 5 =	64 : 8 =	90 : 10 =
16 : 2 =	20 : 4 =	25 : 5 =	56 : 8 =	80 : 10 =
…	…	…	…	…

Muster und Kunstwerke aus Verschiebungen

① Suche in deiner Umgebung nach weiteren Verschiebe-Mustern.

② Zeichne einige Muster in dein Heft.

③ Der Künstler M. C. Escher hat diese Bilder gezeichnet. Erklärt, wie sie entstanden sein könnten.

M. C. Escher's – Symmetrie Drawing E 105

M. C. Escher's – Symmetrie Drawing E 21

④	⑤	⑥	⑦	⑧
$26 + \square = 40$	$99 - \square = 80$	$1 \cdot 4 + 5 =$	$2 \cdot 8 + 2 =$	$50 : 5 - 10 =$
$27 + \square = 42$	$98 - \square = 78$	$2 \cdot 4 + 10 =$	$4 \cdot 8 + 4 =$	$45 : 5 - 9 =$
$28 + \square = 44$	$97 - \square = 76$	$3 \cdot 4 + 15 =$	$6 \cdot 8 + 6 =$	$40 : 5 - 8 =$
…	…	…	…	…

Das Einmaleins mit 3 und 6

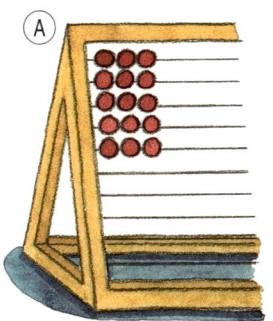 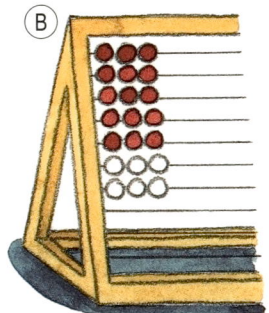 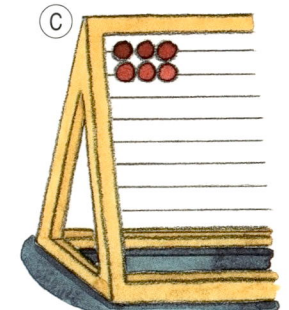 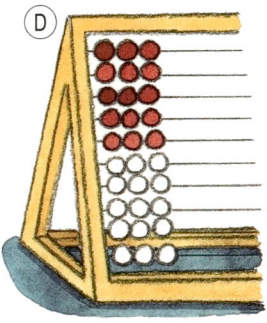

① Schiebe die Perlen an der Rechenmaschine und schreibe
jeweils zwei Malaufgaben auf.

② **Partnerarbeit**

Schiebe eine Malaufgabe mit 3, dein Partner nennt
zwei Malaufgaben und die Lösungen dazu.

③ Baue das Einmaleins mit 3 mit der Rechenmaschine auf.
Zeichne Punktebilder und schreibe die Malaufgaben dazu.

$0 \cdot 3 = 0$ $1 \cdot 3 = 3$ $2 \cdot 3 =$ $3 \cdot 3 =$

④ Nimm einen Spiegel und halte ihn
neben die Bilder A bis D.
Was kannst du entdecken?

⑤ Baue wie bei Aufgabe 3 das
Einmaleins mit 6 auf.
Zeichne und schreibe in dein Heft.

⑥ $0 \cdot 3 =$
$1 \cdot 3 =$
$2 \cdot 3 =$
bis
$10 \cdot 3 =$

⑦ $0 \cdot 6 =$
$1 \cdot 6 =$
$2 \cdot 6 =$
bis
$10 \cdot 6 =$

⑧ $10 \cdot 3 =$
$8 \cdot 3 =$
$4 \cdot 3 =$
$2 \cdot 3 =$
$1 \cdot 3 =$

⑨ $10 \cdot 6 =$
$8 \cdot 6 =$
$4 \cdot 6 =$
$2 \cdot 6 =$
$1 \cdot 6 =$

⑩ $0 \cdot 3 =$
$3 \cdot 3 =$
$5 \cdot 3 =$
$7 \cdot 3 =$
$9 \cdot 3 =$

⑪ $0 \cdot 6 =$
$3 \cdot 6 =$
$5 \cdot 6 =$
$7 \cdot 6 =$
$9 \cdot 6 =$

⑫ $1 \cdot 3 + 1 \cdot 6 =$
$2 \cdot 3 + 2 \cdot 6 =$
$3 \cdot 3 + 3 \cdot 6 =$
$4 \cdot 3 + 4 \cdot 6 =$

⑬ $2 \cdot 2 + 2 \cdot 4 =$
$3 \cdot 2 + 3 \cdot 4 =$
$5 \cdot 2 + 5 \cdot 4 =$
$7 \cdot 2 + 7 \cdot 4 =$

⑭ $5 \cdot 5 + 5 \cdot 10 =$
$4 \cdot 5 + 4 \cdot 10 =$
$3 \cdot 5 + 3 \cdot 10 =$
$2 \cdot 5 + 2 \cdot 10 =$

⑮ $1 \cdot 4 + 1 \cdot 8 =$
$3 \cdot 4 + 3 \cdot 8 =$
$5 \cdot 4 + 5 \cdot 8 =$
$8 \cdot 4 + 8 \cdot 8 =$

Wurfspiel für 2 Gruppen
- Wurfscheibe an die Tafel zeichnen
- Kleinen Schwamm nass machen
- Jeder hat einen Wurf
- Ergebnis in die Tabelle eintragen
- Punkte ausrechnen

Gruppe 1		Gruppe 2	
0	ⵌ	0	|||
3					3					
6	|||	6	ⵌ|
9						9			

① Spielt in der Klasse das Wurfspiel und tragt eure Ergebnisse in Tabellen ein.

② Findet zu jeder Zeile in den Tabellen eine Malaufgabe mit 0, 3, 6 oder 9.

③ Rechnet zum Schluss eure Gesamtpunktzahl aus.

④ Baue das Einmaleins mit 9 mit der Rechenmaschine auf. Schreibe jede Malaufgabe in dein Heft.

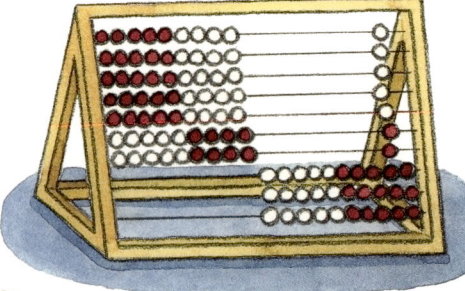

Löse die Aufgaben mithilfe der Rechenmaschine.

⑤ 3 · 9 =
1 · 9 =
5 · 9 =
9 · 9 =
6 · 9 =

⑥ 7 · 9 =
8 · 9 =
4 · 9 =
2 · 9 =
0 · 9 =

⑦ 9 · 6 =
9 · 3 =
9 · 5 =
9 · 10 =
9 · 9 =

⑧

3er-Reihe	0	3	6	9	12	15	18	21	24	27	30
+ 6er-Reihe	0	6	12	18							
= 9er-Reihe	0	9	18								

⑨ 8 · 3 =
4 · 3 =
2 · 3 =
1 · 3 =
0 · 3 =

⑩ 3 · 3 =
3 · 4 =
3 · 5 =
3 · 6 =
3 · 8 =

⑪ 1 · 6 =
2 · 6 =
4 · 6 =
6 · 6 =
8 · 6 =

⑫ 6 · 2 =
6 · 3 =
6 · 5 =
6 · 9 =
6 · 10 =

⑬ 5 · 2 =
5 · 3 =
5 · 4 =
5 · 6 =
5 · 9 =

Rechne die Gesamtpunktzahl aus.

⑭ Anna trifft 2-mal die 6 und 1-mal die 9.

⑮ Leo trifft 6-mal die 3 und 2-mal die 6.

⑯ Ipek wirft 8-mal. Sie trifft nur 0 und 9, jede Zahl gleich oft.

Von den Kernaufgaben zum Einmaleins

1. Schreibe die Kernaufgaben ins Heft. Finde zu jeder Aufgabe eine Nachbar- oder eine Verdoppelungsaufgabe.

2. Fülle zu den Zahlen 3, 6 und 9 jeweils einen Einmaleinsplan aus.

3. Addiere und subtrahiere Einmaleinsreihen. Was stellst du fest?

5er-Reihe	0	5	10	15	20
+ 4er-Reihe	0	4	8	12	
= _er-Reihe	0	9	18		

9er-Reihe	0	9	18	27
− 3er-Reihe	0	3	6	9
= _er-Reihe				

•	0	1	2	3	4	5	6	7	8	9	10
0	0	0	0	0	0	0	0	0	0	0	0
1	0	1	2	3	4	5	6	7	8	9	10
2	0	2	4	6	8	10	12	14	16	18	20
3	0	3	6	9	12	15	18	21	24	27	30
4	0	4	8	12	16	20	24	28	32	36	40
5	0	5	10	15	20	25	30	35	40	45	50
6	0	6	12	18	24	30	36	42	48	54	60
7	0	7	14	21	28	35	42		56	63	70
8	0	8	16	24	32	40	48	56	64	72	80
9	0	9	18	27	36	45	54	63	72	81	90
10	0	10	20	30	40	50	60	70	80	90	100

4. Fülle eine 1x1-Tabelle mit allen bekannten Reihen aus.
Wie viele Aufgaben fehlen noch?

5. Färbe die Ergebnisse der Kernaufgaben und ihrer Tauschaufgaben mit rot.

6. Färbe die Ergebnisse aller anderen Aufgaben, die du schon gut kannst, mit grün. Welche Aufgaben bleiben übrig?

7. **Partnerarbeit**
Übt die Kernaufgaben mit den Karten der Beilage 8 besonders gründlich.

---

8. 8 · 3 =
   6 · 3 =
   4 · 3 =
   2 · 3 =

9. ☐ · 3 = 27
   ☐ · 3 = 21
   ☐ · 3 = 15
   ☐ · 3 = 9

10. 1 · 6 =
    3 · 6 =
    5 · 6 =
    7 · 6 =

11. ☐ · 6 = 12
    ☐ · 6 = 24
    ☐ · 6 = 36
    ☐ · 6 = 48

12. 10 · 9 =
    8 · 9 =
    6 · 9 =
    4 · 9 =

① Mona denkt sich eine Zahl, multipliziert sie mit 4, dividiert sie durch 6 und erhält 6.

② Andreas denkt sich eine Zahl. Er dividiert sie durch 9, multipliziert sie mit 3 und erhält 18.

S. 84

③ 1 · 3 = 3   3 : 3 = 1
  2 · 3 = 6   6 : 3 = 2

Schreibe zu jeder Kernaufgabe die Umkehraufgabe.

③ 1 · 3 =
2 · 3 =
3 · 3 =
5 · 3 =
10 · 3 =

④ 1 · 6 =
2 · 6 =
5 · 6 =
6 · 6 =
10 · 6 =

⑤ 1 · 9 =
2 · 9 =
5 · 9 =
9 · 9 =
10 · 9 =

Kontrolliere mit der Umkehraufgabe.

⑥ 12 : 2 =
16 : 2 =
20 : 2 =
14 : 2 =
18 : 2 =

⑦ 20 : 4 =
36 : 4 =
28 : 4 =
12 : 4 =
24 : 4 =

⑧ 40 : 8 =
56 : 8 =
72 : 8 =
48 : 8 =
64 : 8 =

⑨ 15 : 5 =
25 : 5 =
35 : 5 =
45 : 5 =
30 : 5 =

⑩ 70 : 10 =
30 : 10 =
50 : 10 =
90 : 10 =
60 : 10 =

Finde zu den drei Zahlen jeweils vier Aufgaben.

3   24   8

3 · 8 =   24 : 8 =

8 · 3 =   24 : 3 =

⑪ | 18 | 6 | 3 |

⑫ | 7 | 6 | 42 |

⑬ | 9 | 27 | 3 |

⑭ | 12 | ? | 3 |

⑮ | ? | 8 | 4 |

Ü	⑯ 37 + 6 =	⑰ 72 − 5 =	⑱ 25 + 36 =	⑲ 91 − 64 =	⑳ 58 + ☐ = 85
	54 + 9 =	93 − 8 =	59 + 27 =	84 − 48 =	19 + ☐ = 72
	68 + 7 =	41 − 4 =	43 + 39 =	66 − 39 =	63 − ☐ = 17
	46 + 8 =	84 − 6 =	18 + 73 =	75 − 57 =	82 − ☐ = 28

Auf dem Gartenfest wird viel verteilt. Spielt mit Steckwürfeln oder Steinchen.
Was stellt ihr fest?

② 16 Würstchen an 6 Kinder

③ 5 Limonaden an 4 Kinder

④ 20 Kekse an 6 Kinder

⑤ 14 Bonbons an 4 Kinder

⑥ 13 Luftballons an 5 Kinder

⑦ 21 Blumen an 5 Kinder

⑧ 13 Steinchen an 2 Kinder

⑨ 15 Bälle an 3 Kinder

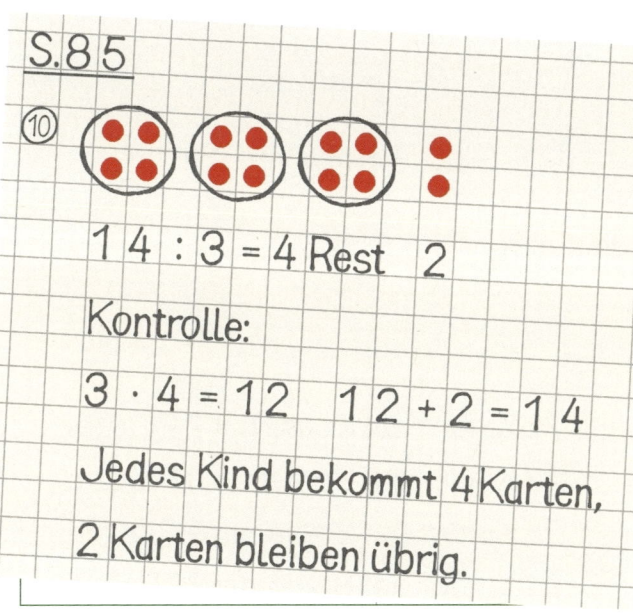

S. 85

⑩

$14 : 3 = 4$ Rest 2

Kontrolle:

$3 \cdot 4 = 12$ $12 + 2 = 14$

Jedes Kind bekommt 4 Karten,

2 Karten bleiben übrig.

Zu jeder Aufgabe:
Zeichnung, Rechnung,
Kontrolle, Antwort.

Wie viele Karten bekommt jedes Kind?

⑩ Verteile 14 Karten an 3 Kinder.

⑪ Verteile 20 Karten an 6 Kinder.

⑫ Verteile 30 Karten an 9 Kinder.

⑬ Verteile 25 Karten an 4 Kinder.

⑭ Verteile 19 Karten an 2 Kinder.

⑮ Verteile 32 Karten an 8 Kinder.

Schreibe jeweils eine Kontrolle dazu.

⑯	⑰	⑱	⑲	⑳
$16 : 4 =$	$15 : 5 =$	$30 : 6 =$	$18 : 3 =$	$16 : 8 =$
$17 : 4 =$	$17 : 5 =$	$32 : 6 =$	$19 : 3 =$	$18 : 8 =$
$18 : 4 =$	$19 : 5 =$	$34 : 6 =$	$21 : 3 =$	$20 : 8 =$
$19 : 4 =$	$20 : 5 =$	$35 : 6 =$	$23 : 3 =$	$22 : 8 =$
$20 : 4 =$	$22 : 5 =$	$36 : 6 =$	$24 : 3 =$	$24 : 8 =$

① Die 25 Kinder der Klasse 2a wollen auf dem Steinhuder Meer Boot fahren. Alle sollen mit dem gleichen Bootstyp fahren. Wie viele Boote bräuchten sie von jedem Typ?

② Auch die Klasse 2b (19 Kinder) möchte Boot fahren. Wie viele Boote benötigt diese Klasse jeweils?

③ Rechne aus, wie viele Boote deine Klasse jeweils mieten müsste.

④ Teile die Klasse 2a (25 Kinder) so auf verschiedene Bootstypen auf, dass alle Plätze in den Booten besetzt sind. Finde mehrere Möglichkeiten.

S.86

① kleines Tretboot

$25 : 2 = 12$ Rest 1

K: $12 \cdot 2 = 24$ $24 + 1 = 25$

Sie bräuchten 13 kleine Tretboote. In einem Boot sitzt nur 1 Kind.

Teile auf:

⑤ 20 Kinder auf Boote mit 3 Plätzen,

⑥ 18 Kinder auf Boote mit 4 Plätzen,

⑦ 27 Kinder auf Boote mit 5 Plätzen,

⑧ 17 Kinder auf Boote mit 6 Plätzen,

⑨ 22 Kinder auf Boote mit 7 Plätzen,

⑩ 23 Kinder auf Boote mit 8 Plätzen,

⑪ 26 Kinder auf Boote mit 9 Plätzen,

⑫ 24 Kinder auf Boote mit 10 Plätzen.

Schreibe zu jeder Aufgabe eine Kontrolle.

⑬	⑭	⑮	⑯	⑰
$17 : 9 =$	$21 : 4 =$	$15 : 10 =$	$16 : 6 =$	$33 : 5 =$
$18 : 9 =$	$23 : 4 =$	$20 : 10 =$	$20 : 6 =$	$36 : 5 =$
$19 : 9 =$	$25 : 4 =$	$25 : 10 =$	$24 : 6 =$	$39 : 5 =$
$20 : 9 =$	$27 : 4 =$	$30 : 10 =$	$28 : 6 =$	$42 : 5 =$
…	…	…	…	…

1 Berechne die Bootsmieten für 1 Stunde, 1 $\frac{1}{2}$ Stunden, 2 Stunden usw. Löse mit einer Tabelle.

	$\frac{1}{2}$ h	1 h	1$\frac{1}{2}$h	2 h	2$\frac{1}{2}$h	3 h
Motorboot (6 Pers.)						
Ruderboot (5 Pers.)						
Ruderboot (3 Pers.)						
Tretboot (4 Pers.)						
Tretboot (2 Pers.)						

2 Wie teuer ist eine halbe Stunde Bootsfahrt jeweils für eine Person, wenn die Boote voll besetzt sind?

3 Die Klasse 2a fährt eine Stunde mit den Ruderbooten. In jedem Boot sitzen 5 Kinder. Wie viel kostet die Fahrt für jedes Kind?

4 Die Klasse 2b und ihre Lehrerin mieten die Tretboote für 4 Personen. Wie viel Euro muss jede Person für eine Stunde Bootsfahrt bezahlen?

5 Großfamilie Steinle (7 Personen) möchte eine Stunde Boot fahren und möglichst wenig bezahlen. Welche Boote mietet Familie Steinle?

6 Carola und Klaus sind mit ihren Eltern Boot gefahren. Es kostete 12 €.
a) Wie viele Personen sind es?
b) Mit welchem Boot könnten sie gefahren sein?

7 Herr Leck schreibt auf, wie lange seine Boote gemietet wurden. 1 Kästchen bedeutet $\frac{1}{2}$ h auf dem See. Wie lange waren die Boote unterwegs?

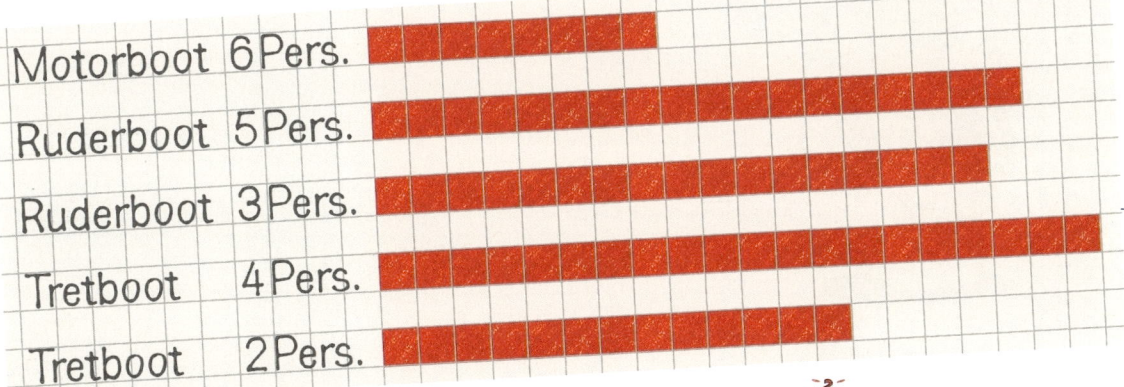

8 Wie viel Euro hat Herr Leck bis jetzt eingenommen?

9 Erfinde eigene Aufgaben.

Partnerarbeit

① Welche Körper sind Würfel, welche sind Quader?

② Schätzt, aus wie vielen Steckwürfeln die Körper jeweils bestehen.

③ Baut die Körper nach und überprüft euer Ergebnis.

④ Findet zu den Körpern passende Mal- und Plusaufgaben.

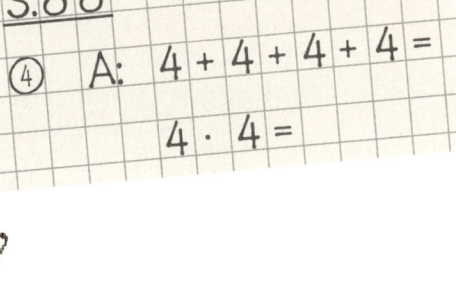

S.88

④ A: 4 + 4 + 4 + 4 =

4 · 4 =

⑤ Baut verschiedene Körper aus jeweils 12 (24) Steckwürfeln. Schreibt passende Aufgaben dazu ins Heft.

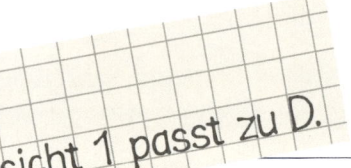

S.88

⑥ Ansicht 1 passt zu D.

⑥ Zu welchen der Körper A bis G passen diese Ansichten? Ordne zu.

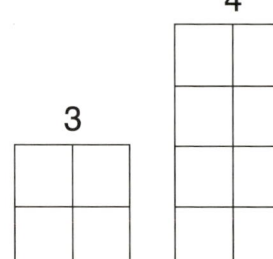

1

2

3

4

5

⑦ Zeichne weitere Ansichten von den Körpern A bis G in dein Heft.

⑧ Zeichne Ansichten von selbst gebauten Körpern.

Wir experimentieren mit Körpern

① Immer zwei Teile ergeben zusammen einen Würfel.
Baue die Würfelteile nach und finde heraus, welche zusammengehören.

② Zeichne Ansichten von den Körpern A bis H in dein Heft.

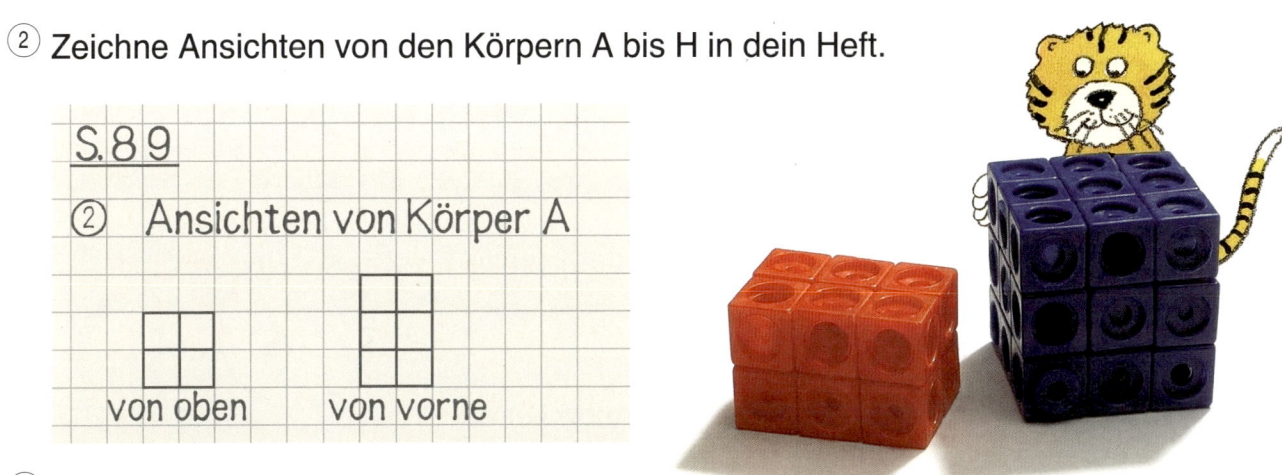

③ **Partnerarbeit**
Baut Würfel oder Quader und teilt sie auf unterschiedliche Weise.
Dein Partner soll die zusammengehörenden Teile finden.

Baut weiter und schreibt auf, wie viele Steckwürfel
ihr jeweils braucht.

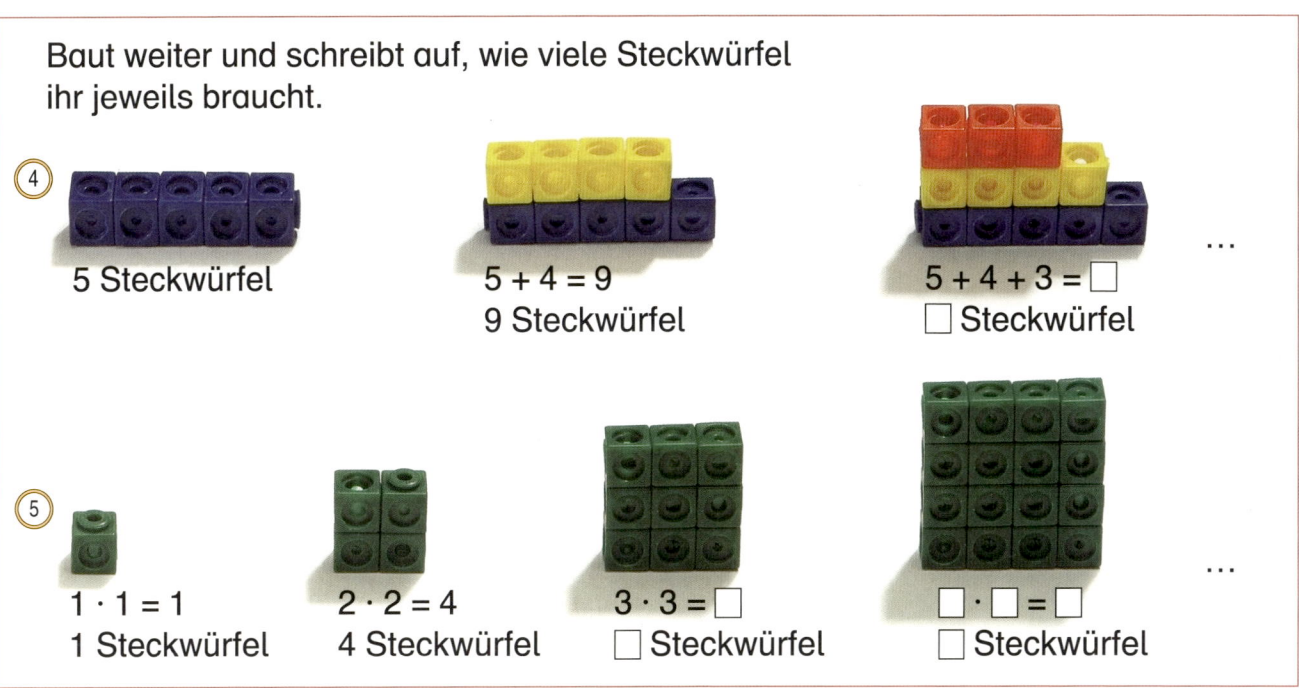

④ 5 Steckwürfel

$5 + 4 = 9$
9 Steckwürfel

$5 + 4 + 3 = \square$
$\square$ Steckwürfel

...

⑤ $1 \cdot 1 = 1$
1 Steckwürfel

$2 \cdot 2 = 4$
4 Steckwürfel

$3 \cdot 3 = \square$
$\square$ Steckwürfel

$\square \cdot \square = \square$
$\square$ Steckwürfel

...

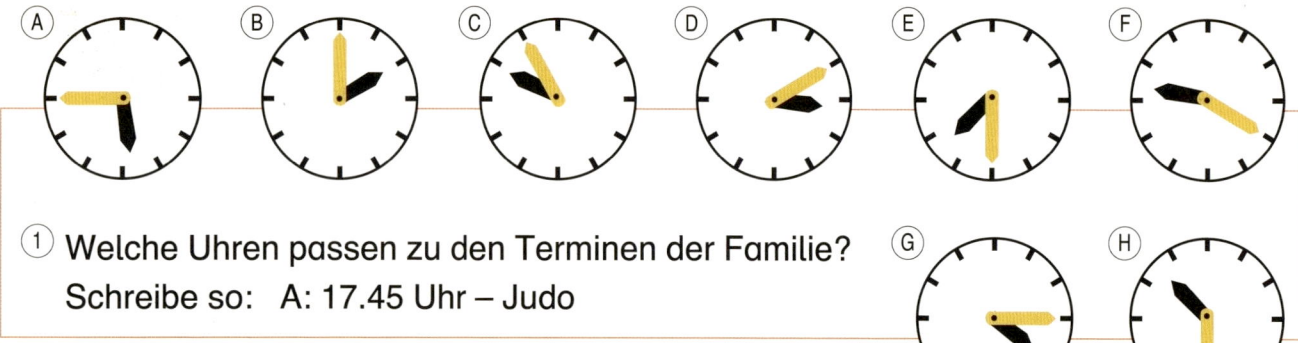

Familienkalender

	Mama	Papa	Sarah	Mike
So 3				
Mo 4		16.45 Frisör	14.30 Klavier	
Di 5	9.20 Arzt			14.00 Geburtstag Alina
Mi 6		6.25 Abflug Berlin		16.15 Flöte
Do 7	11.30 Bank	↓	17.45 Judo	
Fr 8		21.55 Rückkehr		15.10 Fußball
Sa 9	19.30 Theater			
So 10		10.30 Geburtstag Opa		

A B C D E F

G H

① Welche Uhren passen zu den Terminen der Familie?
Schreibe so: A: 17.45 Uhr – Judo

② Zeichne zu den anderen Terminen passende Uhren.
Achte auf den Stundenzeiger.

Partnerarbeit

Stellt auf euren Lernuhren die Zeiten ein und sprecht dazu.

③ 17.00 Uhr, 17.30 Uhr, 18.00 Uhr, 18.30 Uhr, 19.00 Uhr, 19.30 Uhr

④ 12.00 Uhr, 12.15 Uhr, 12.30 Uhr, 12.45 Uhr, 13.00 Uhr, 13.15 Uhr, 13.30 Uhr

⑤ 9.00 Uhr, 9.10 Uhr, 9.20 Uhr, 9.30 Uhr, 9.40 Uhr, 9.50 Uhr, 10.00 Uhr

⑥ 21.00 Uhr, 21.05 Uhr, 21.10 Uhr, 21.15 Uhr, 21.20 Uhr, 21.25 Uhr, 21.30 Uhr

⑦ 23.30 Uhr, 23.37 Uhr, 23.44 Uhr, 23.51 Uhr, 23.58 Uhr, 0.05 Uhr, 0.12 Uhr

⑧ Immer zwei Zeiten gehören zusammen.
Schreibe so: halb 3 = 14.30 Uhr
Zeichne auch die passenden Uhren.

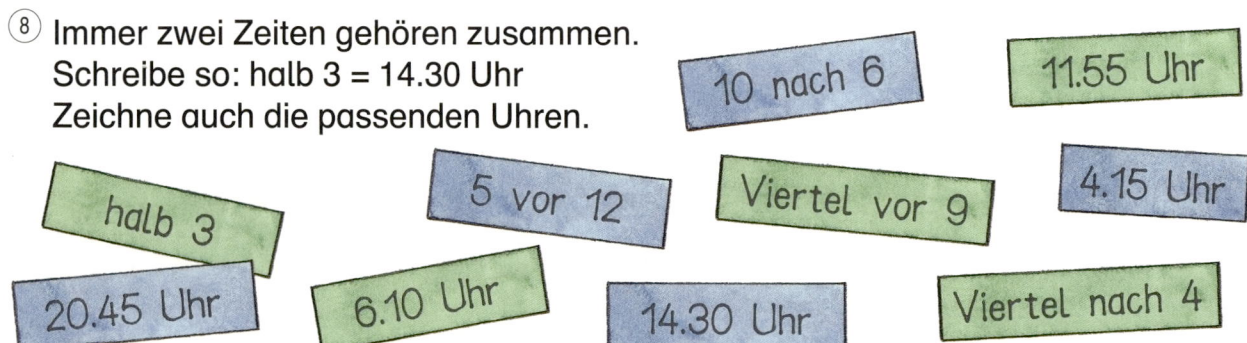

10 nach 6   11.55 Uhr   halb 3   5 vor 12   Viertel vor 9   4.15 Uhr   20.45 Uhr   6.10 Uhr   14.30 Uhr   Viertel nach 4

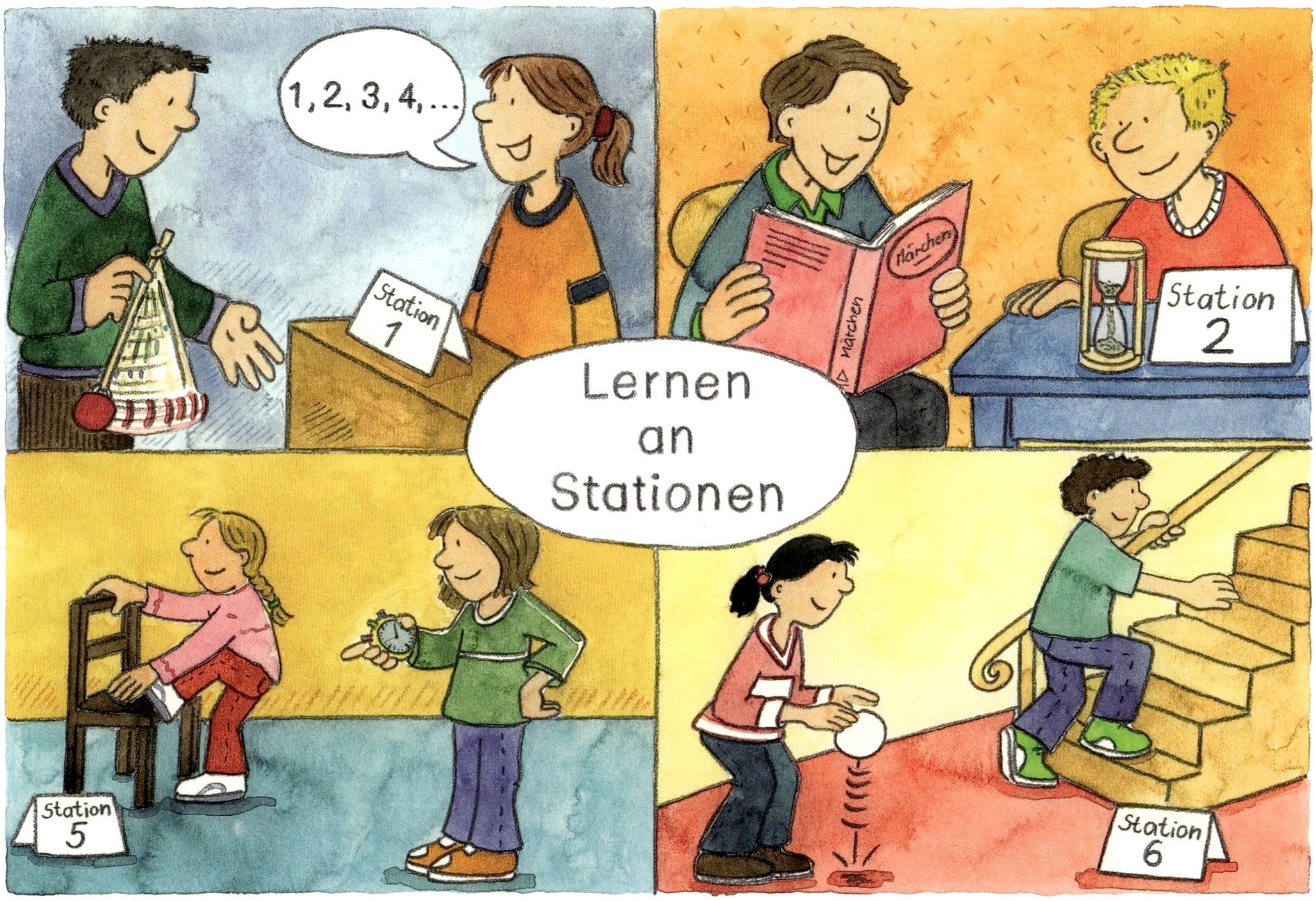

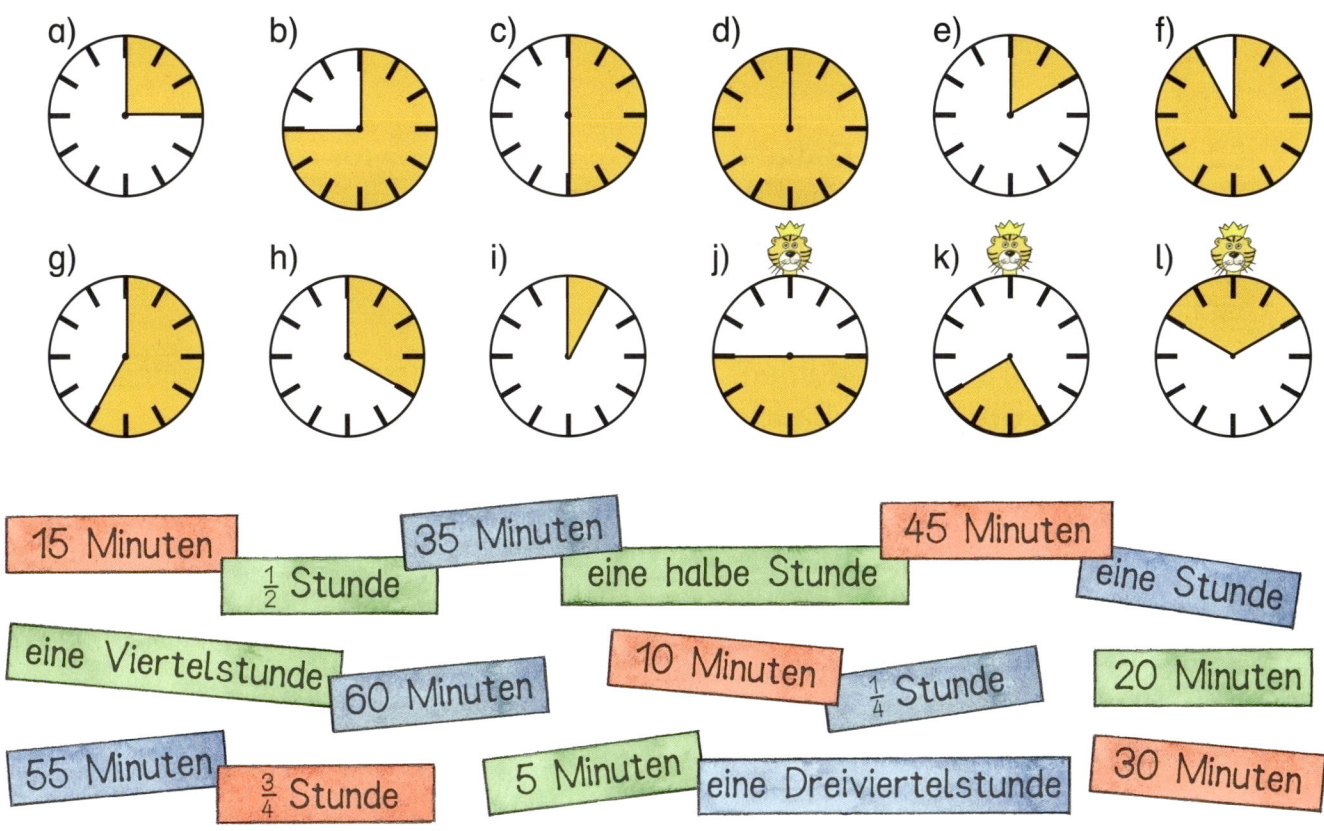

① An Stationen könnt ihr die Zeit auf unterschiedliche Arten messen.

② Der Minutenzeiger hat eine farbige Spur hinterlassen.
Wie viele Minuten sind jeweils vergangen? Die Kärtchen helfen dir.

a)   b)   c)   d)   e)   f)

g)   h)   i)   j)   k)   l)

15 Minuten   35 Minuten   45 Minuten

$\frac{1}{2}$ Stunde   eine halbe Stunde   eine Stunde

eine Viertelstunde   60 Minuten   10 Minuten $\frac{1}{4}$ Stunde   20 Minuten

55 Minuten $\frac{3}{4}$ Stunde   5 Minuten   eine Dreiviertelstunde   30 Minuten

① Schreibe beide Uhrzeiten auf.

a)  b) 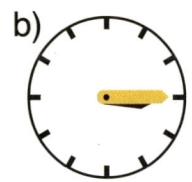 c) 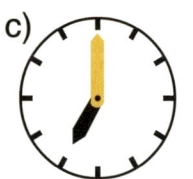 d)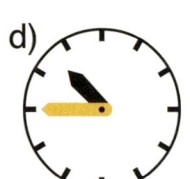

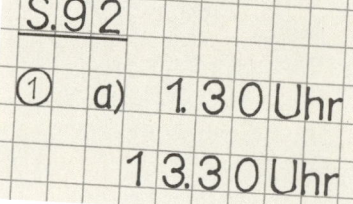

S. 92
① a) 1.30 Uhr
      13.30 Uhr

e)  f)  g)  h)  i)  j)

② Wie viele Minuten sind seit der letzten vollen Stunde jeweils vergangen?

③ Wie viele Minuten vergehen jeweils bis zur nächsten vollen Stunde?

Minuten = min

Stunden = h (hora)

Ergänze die fehlenden Angaben. Löse mit der Lernuhr.

④ 9.00 Uhr ──3 h──▶ ☐ Uhr

⑤ 18.00 Uhr ──6 h──▶ ☐ Uhr

⑥ 7.00 Uhr ──☐ h──▶ 15.00 Uhr

⑦ 22.00 Uhr ──☐ h──▶ 2.00 Uhr

⑧ ☐ Uhr ──2 h──▶ 14.00 Uhr

⑨ ☐ Uhr ──5 h──▶ 11.00 Uhr

⑩ 2.00 Uhr ──2 h 45 min──▶ ☐ Uhr

⑪ 16.00 Uhr ──☐ h ☐ min──▶ 19.30 Uhr

Löse die Aufgaben mit der Lernuhr.
Schreibe zu jeder Aufgabe das Pfeilbild ins Heft.

⑫ Anfang   Dauer   Ende
   8 Uhr   ☐ h   12 Uhr

⑫ Die Schule fängt um 8 Uhr an und ist um 12 Uhr zu Ende.

⑬ Um 14 Uhr fängt das Kinderturnen an, und um 16 Uhr ist es zu Ende.

⑮ Um 9 Uhr begann das Schulfest. Es dauert 6 Stunden.

⑭ Der Film beginnt um 17 Uhr und dauert 2 Stunden.

⑯ Nachdem wir 4 Stunden gewandert sind, waren wir um 14 Uhr zu Hause.

⑰ 6 · 8 =
   4 · 8 =
   2 · 8 =
   0 · 8 =

⑱ 24 : 8 =
   40 : 8 =
   56 : 8 =
   72 : 8 =

⑲ 32 + 18 =
   33 + 19 =
   34 + 20 =
   35 + 21 =

⑳ 83 – 43 =
   82 – 44 =
   81 – 45 =
   80 – 46 =

㉑ 51 + 39 =
   74 – 25 =
   18 + 33 =
   92 – 61 =

Anfang, Dauer, Ende

(1) Vergleicht die Öffnungszeiten der beiden Geschäfte.

(2) Erfindet Aufgaben.

> Nimm deine Lernuhr zu Hilfe. Denke an das Pfeilbild. Vergiss Frage und Antwort nicht.
>
> Anfang $\xrightarrow{\text{Dauer}}$ Ende

(3) Kevin hat um 16.30 Uhr Fußballtraining. Um 18 Uhr wird er von seiner Mutter abgeholt.

(4) Mehmed geht um 21 Uhr ins Bett. Um 7 Uhr steht er wieder auf.

(5) Tina darf mit zu einem Konzert. Es beginnt um 19 Uhr und dauert 3 Stunden.

(6) Der Geigenunterricht von Fabian ist um 16.45 Uhr zu Ende. Er dauerte 45 Minuten.

(7) Annika war um 15 Uhr bei ihrem Freund. Dort spielte sie 3 Stunden. Für den Heimweg brauchte sie noch 15 Minuten.

(8) Das Training von Sarah beginnt um 17 Uhr. Sie möchte 10 Minuten früher dort sein. Für den Weg braucht Sarah 15 Minuten.

(9) Schreibe die Unterrichtszeiten der Kinder auf.

(10) Welche Aussagen sind richtig und welche sind falsch?

Thea, Luise, Basti und Max gehen alle am Montag zu Frau Hell zum Flötenunterricht. Er dauert jeweils 30 Minuten. Basti ist der Erste. Nach dem zweiten Kind macht Frau Hell 15 Minuten Pause. Das ist um 16 Uhr. Luise kommt vor Max, dem letzten Schüler.

A Luises Stunde ist um Punkt vier zu Ende.

B Am Montag unterrichtet Frau Hell genau 2 Stunden.

C Wenn Thea krank ist, hat Frau Hell 45 Minuten Pause.

D Luise besucht den Unterricht vor Thea.

E Basti und Max können sich am Montag um 17.30 Uhr treffen.

F Thea geht nach Max in die Flötenstunde.

1. Aus wie vielen Steckwürfeln besteht jeder Körper?

2. Welche Teile ergeben zusammen einen Würfel?

3. Zu welchen der Körper A bis F passen diese Ansichten?

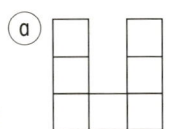 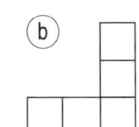 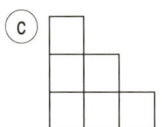 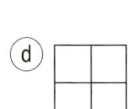 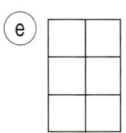

4. Zeichne weitere Ansichten in dein Heft.

Rechne jeweils auch die Tauschaufgabe.

5. $8 \cdot 4 =$
   $3 \cdot 4 =$
   $9 \cdot 4 =$

6. $7 \cdot 5 =$
   $4 \cdot 5 =$
   $8 \cdot 5 =$

7. $3 \cdot 8 =$
   $7 \cdot 8 =$
   $9 \cdot 8 =$

8. $9 \cdot 2 =$
   $6 \cdot 2 =$
   $4 \cdot 2 =$

9. $5 \cdot 6 =$
   $3 \cdot 6 =$
   $8 \cdot 6 =$

10. $4 \cdot 9 =$
    $7 \cdot 9 =$
    $9 \cdot 9 =$

11. Ulrike denkt sich eine Zahl. Sie dividiert sie durch 5, multipliziert mit 9, dividiert durch 6 und erhält 6.

12. Niclas denkt sich eine Zahl. Zuerst addiert er 25, multipliziert mit 2, subtrahiert dann 46, dividiert zum Schluss durch 6 und erhält 9.

Kontrolliere mit der Umkehraufgabe.

13. $15 : 3 =$
    $17 : 3 =$

14. $60 : 9 =$
    $70 : 9 =$

15. $46 : 6 =$
    $48 : 6 =$

3 Zahlen – 4 Aufgaben

16. $73 - 34 =$
    $96 - 69 =$

17. $54 + 17 =$
    $65 + 36 =$

18. $41 + 28 =$
    $33 - 15 =$

19. 6 | 24 | 4

20. 45 | 9 | 5

21. 3 | ? | 21

22. In der Klasse 2a sind 25 Kinder. Die Lehrerin bildet 5 Gruppen.

23. Im Sportunterricht wurden 7 Gruppen gebildet. In jeder Gruppe waren 4 Kinder.

24. 22 Kinder möchten Boot fahren. 6 Kinder passen in ein Boot.

25. Dieter hat 44 Muscheln gesammelt. Er verteilt sie an seine 5 Freunde.

① **Löse die beiden Rätsel.**

E	E	M	H
U	A	M	T
T	D	F	A
H	R	C	E

E	R	D	S
I	E	N	N
T	M	⭐	⭐
K	P	I	A

**Anleitung
zum Verschlüsseln
von Geheimbotschaften**

- Schreibe eine Botschaft mit höchstens 16 Buchstaben auf.
- Lege die Schablone auf ein leeres Feld (Beilage 4).
- Schreibe die ersten 4 Buchstaben deiner Botschaft zeilenweise in die Löcher.
- Drehe die Schablone und schreibe die nächsten 4 Buchstaben in die Löcher.
- Fahre so fort, bis du die ganze Botschaft geschrieben hast.

Mit der Löcherschablone kannst du auch Aufgaben selbst kontrollieren:
- Löse die Aufgaben im Heft.
- Kontrolliere mit der Löcherschablone auf dem Lösungsblatt.

② $8 \cdot 6 =$ ③ $36 + 42 =$

$9 \cdot 3 =$ $27 + 58 =$

$4 \cdot 7 =$ $64 + 19 =$

$5 \cdot 3 =$ $72 + 27 =$

④ $72 : 9 =$ ⑤ $84 - 31 =$

$56 : 8 =$ $52 - 28 =$

$54 : 9 =$ $79 - 46 =$

$35 : 7 =$ $63 - 18 =$

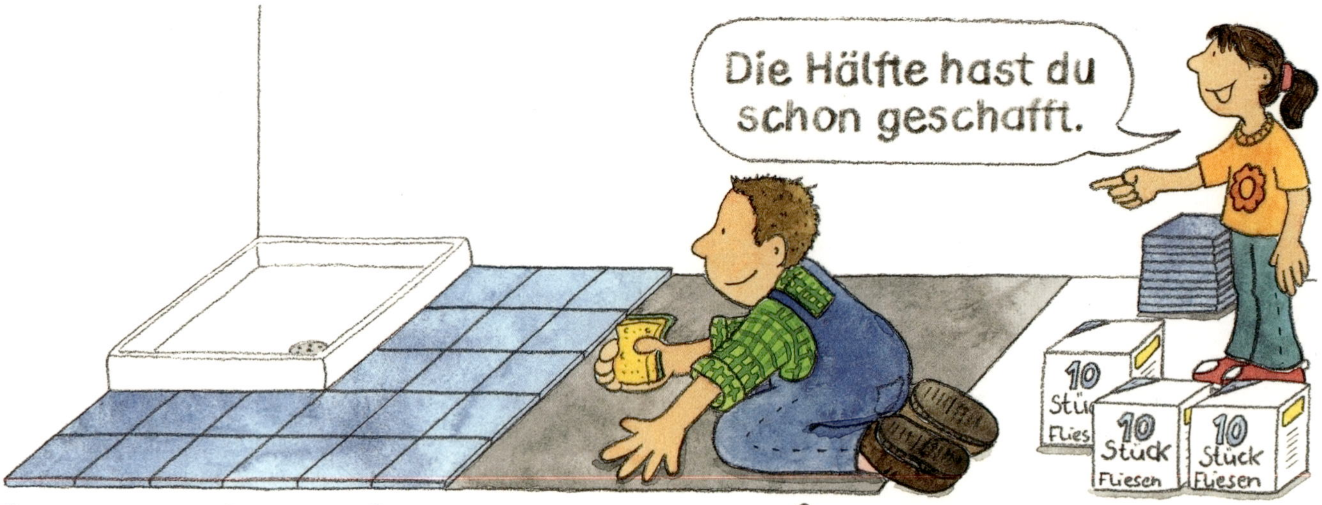

> Die Hälfte hast du schon geschafft.

① Hat das Kind recht?

④ Wie viele Fliesen bleiben übrig?

⑥ In drei Minuten verlegt Vater eine Fliese. Wie lange braucht er für den Rest?

② Reichen die Fliesen noch für den Rest?

⑤ Ein Paket Fliesen kostet 20 €. Wie teuer ist eine Fliese?

⑦ Der Kleber kostet 15 €. Wie viel muss Vater insgesamt bezahlen?

③ Wie viele Pakete Fliesen musste Vater kaufen?

Partnerarbeit

⑧ Nehmt 12 (15, 20, 24) Plättchen (Beilage 7) und legt verschiedene Flächen. Zeichnet die Umrisse. Vergleicht eure Ergebnisse.

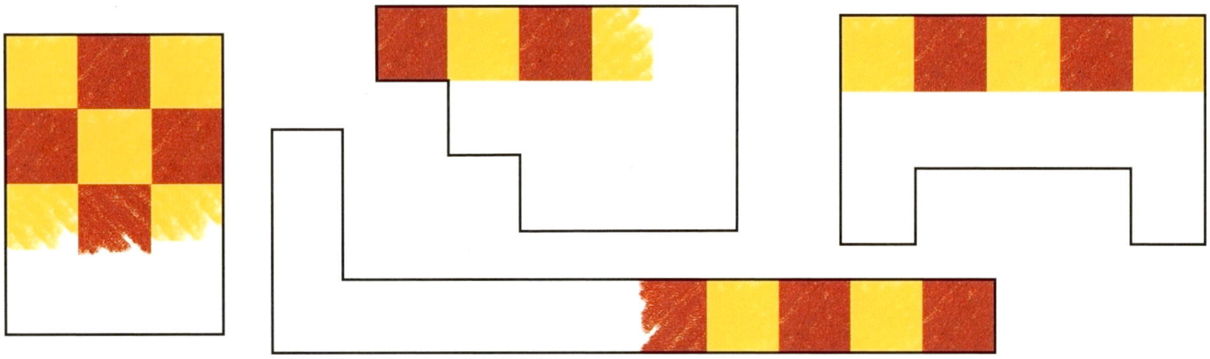

⑨ Bildet immer größere Quadrate.
Wie viele Plättchen braucht ihr jeweils?
Wie heißen die passenden Malaufgaben dazu?

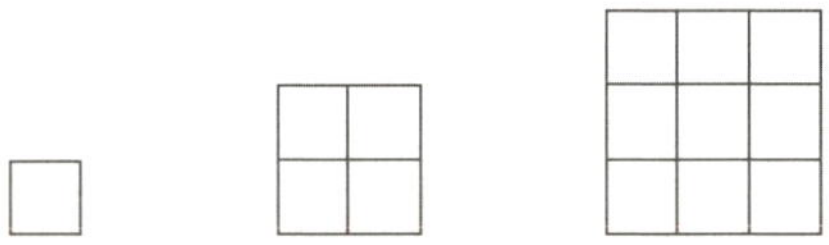

1 Plättchen   4 Plättchen   9 Plättchen   …

⑩

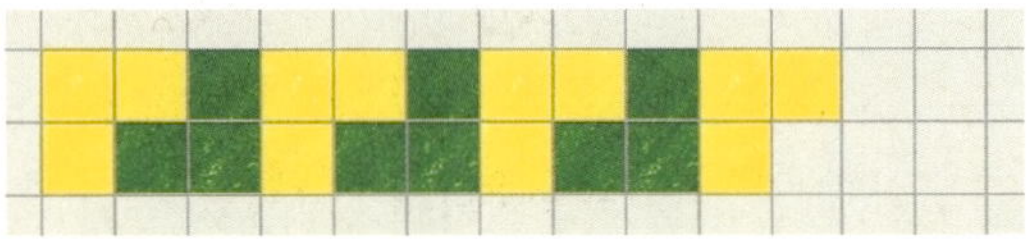

⑪

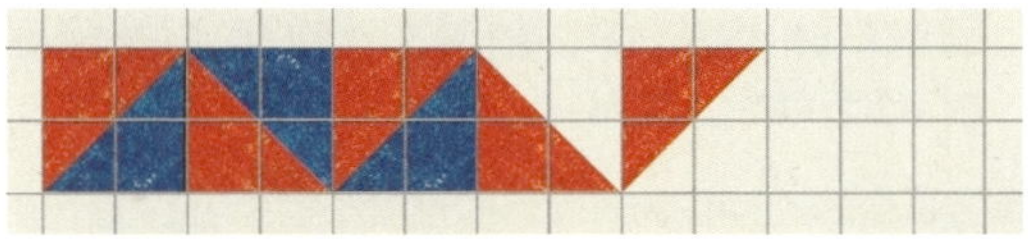

① Schätze, welche Fläche die größte, die zweitgrößte … ist.

② Überprüfe dein Ergebnis. Lege dazu die Flächen der Kopiervorlage mit den Plättchen (Beilage 7) aus.

③ Zeichne die Flächen in dein Heft. Zeichne dabei ein Plättchen so groß wie 4 Heftkästchen.

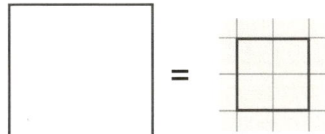

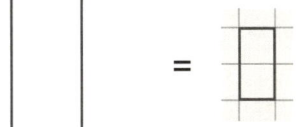

④ Halbiere die Flächen. Male jede Hälfte in einer anderen Farbe an.

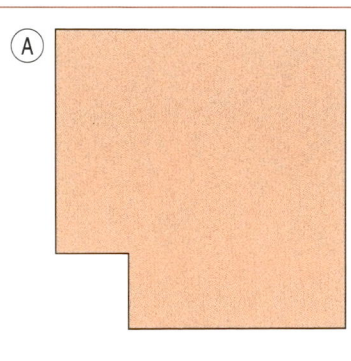

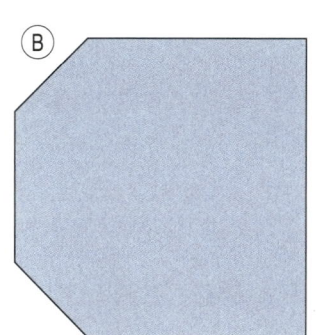

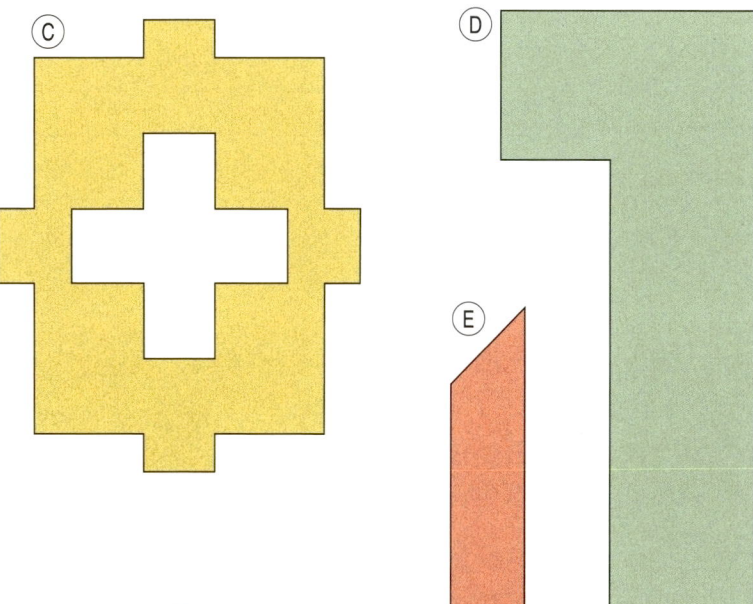

Übertrage die Muster in dein Heft und setze sie fort.

⑤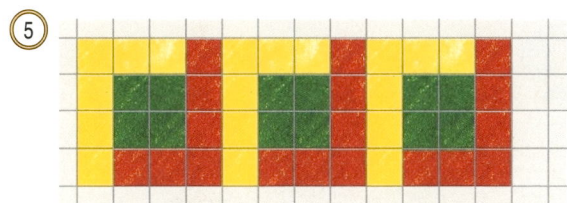

⑥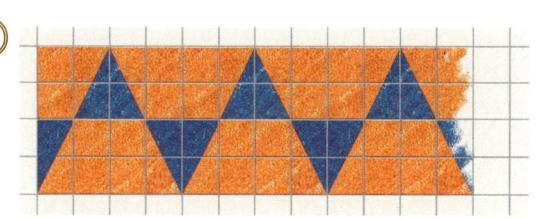

⑦ Zeichne Rechtecke oder Quadrate in dein Heft. Schreibe Malaufgaben dazu.

Größe: a) 16 Heftkästchen b) 20 Heftkästchen c) 24 Heftkästchen
d) 25 Heftkästchen e) 32 Heftkästchen f) 36 Heftkästchen

⑧ 8 + 13 =
18 + 13 =
28 + 13 =
…

⑨ 93 − 6 =
93 − 16 =
93 − 26 =
…

⑩ 16 + 9 =
26 + 19 =
36 + 29 =
…

⑪ 84 − 7 =
74 − 17 =
64 − 27 =
…

⑫ 9 + 3 =
18 + 14 =
27 + 25 =
…

Am Völkerballturnier nehmen 12 Mannschaften teil.
Jede Mannschaft besteht aus 7 Spielern.

①

Mannschaften	1	2	3	5	7	9	11	12
Anzahl der Spieler	7		28	42	56	70		

Wie viele Spieler sind es?

Wie viele Mannschaften sind es?

② Von der Grundschule Stühlingen nehmen zwei Mannschaften teil.

③ Aus der Grundschule Eggingen kommen drei Mannschaften.

④ Die Grundschule Beuren kommt mit einer Mannschaft im roten Bus.

⑤ Die restlichen Mannschaften stellt die Grundschule Weizen.

⑥ Im Halbfinale spielen noch vier Mannschaften gegeneinander.

⑦ Auf den Völkerballfeldern spielen um 9 Uhr genau 56 Spieler.

⑧ Um 11 Uhr spielen noch 42 Spieler Völkerball.

⑨ 35 Spieler tragen Trikots und eine schwarze Hose.

⑩ 49 Spieler tragen eine Mütze als Mannschaftszeichen.

⑪ Insgesamt erhalten 70 Spieler einen Preis.

Stelle einige Aufgaben mit der Rechenmaschine dar.

⑫	⑬	⑭	⑮	⑯
0 · 7 =	2 · 7 =	10 · 7 =	42 = ☐ · 7	70 = ☐ · 7
1 · 7 =	4 · 7 =	9 · 7 =	21 = ☐ · 7	63 = ☐ · 7
2 · 7 =	8 · 7 =	7 · 7 =	7 = ☐ · 7	35 = ☐ · 7
bis	3 · 7 =	5 · 7 =	28 = ☐ · 7	49 = ☐ · 7
10 · 7 =	6 · 7 =	1 · 7 =	56 = ☐ · 7	14 = ☐ · 7

① Fülle eine Einmaleinstabelle aus.

② Suche in der Einmaleinstabelle diese Ergebniszahlen und schreibe
dazu alle passenden Einmaleinsaufgaben auf.
Zu welchen Zahlen findest du die meisten Aufgaben?

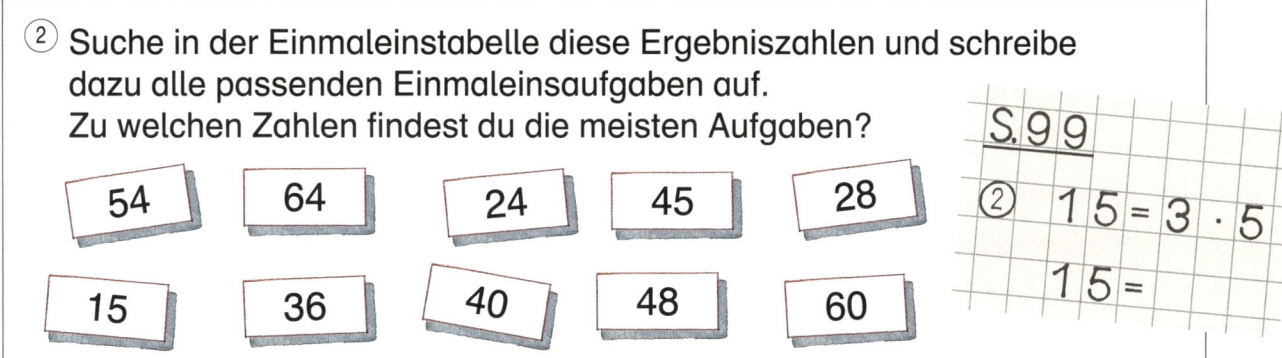

| 54 | 64 | 24 | 45 | 28 |
| 15 | 36 | 40 | 48 | 60 |

S.99

② 15 = 3 · 5

15 =

Addiere und subtrahiere diese Einmaleinsreihen. Was fällt dir auf?

③ 3er-Reihe	0	3	6	9	12
+ 4er-Reihe	0	4	8		
= _er-Reihe					

⑤ 8er-Reihe	0	8	16	24	32
− 6er-Reihe	0	6	12		
= _er-Reihe					

④ 5er-Reihe	0	5	10	15	20
+ 2er-Reihe	0	2	4		
= _er-Reihe					

⑥ 9er-Reihe	0	9	18	27	36
− 5er-Reihe	0	5	10		
= _er-Reihe					

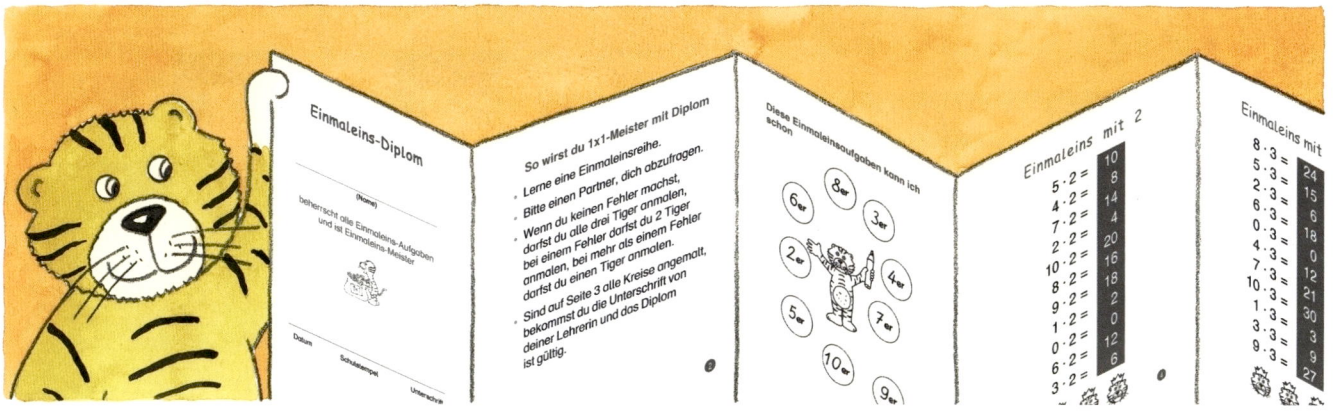

⑦ 3 · ☐ = 27
4 · ☐ = 28
5 · ☐ = 45
6 · ☐ = 30
7 · ☐ = 42
9 · ☐ = 36

⑧ ☐ · 2 = 14
☐ · 4 = 12
☐ · 6 = 24
☐ · 7 = 63
☐ · 8 = 64
☐ · 9 = 81

⑨ 3 · 4 ○ 7 · 2
6 · 4 ○ 3 · 7
7 · 4 ○ 4 · 7
6 · 5 ○ 10 · 3
8 · 5 ○ 3 · 9
3 · 5 ○ 6 · 3

⑩ 3 · 8 ○ 4 · 6
7 · 8 ○ 6 · 9
4 · 8 ○ 5 · 6
7 · 9 ○ 10 · 6
5 · 9 ○ 8 · 10
6 · 9 ○ 10 · 5

⑪ **Partnerarbeit**
Klebt das Einmaleins-Diplom zusammen und werdet Einmaleins-Meister.

S.100

① 11 + 11 =

10 + 11 =

12 + 11 =

11 + 10 =

11 + 12 =

Schreibe zu jeder Aufgabe einige Nachbaraufgaben.

① 11 + 11 =
② 14 + 14 =
③ 17 + 17 =
④ 19 + 19 =
⑤ 16 + 16 =

⑥ 12 + 12 =
⑦ 18 + 18 =
⑧ 13 + 13 =
⑨ 15 + 15 =
⑩ 9 + 9 =

⑪ 40 + 40 =
⑫ 10 + 10 =
⑬ 30 + 30 =
⑭ 50 + 50 =
⑮ 20 + 20 =

Finde auch hier Nachbaraufgaben.

⑯ 30 − 15 =
⑰ 50 − 25 =
⑱ 70 − 35 =
⑲ 90 − 45 =

⑳ 20 − 10 =
㉑ 40 − 20 =
㉒ 60 − 30 =
㉓ 80 − 40 =

㉔ 22 − 11 =
㉕ 44 − 22 =
㉖ 66 − 33 =
㉗ 88 − 44 =

Denke beim Lösen an die Verdoppelungs- oder Halbierungsaufgabe.

㉘ 33 + 34 =

49 + 50 =

20 + 21 =

40 + 39 =

㉙ 44 − 23 =

60 − 31 =

87 − 44 =

50 − 26 =

㉚ 43 + 44 =

18 + 19 =

29 + 30 =

17 + 16 =

㉛ 65 − 33 =

51 − 25 =

89 − 44 =

69 − 35 =

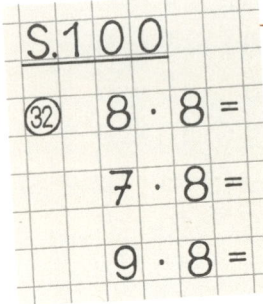

S.100

㉜ 8 · 8 =

7 · 8 =

9 · 8 =

Schreibe Nachbaraufgaben zu jeder Malaufgabe.

㉜ 8 · 8 =
㉝ 4 · 4 =

㉞ 2 · 2 =
㉟ 3 · 3 =
㊱ 6 · 6 =

㊲ 9 · 9 =
㊳ 5 · 5 =
㊴ 7 · 7 =

㊵ 10 · 10 =
㊶ 0 · 0 =
㊷ 1 · 1 =

Setze Muster und Zahlenfolgen fort.

㊸

㊹

㊺ 0, 7, 5, 12, 10, …

㊻ 100, 95, 96, 91, 92, …

Umkehraufgaben können helfen

① Löse die Aufgaben. Schreibe die zusammengehörenden Umkehraufgaben auf.

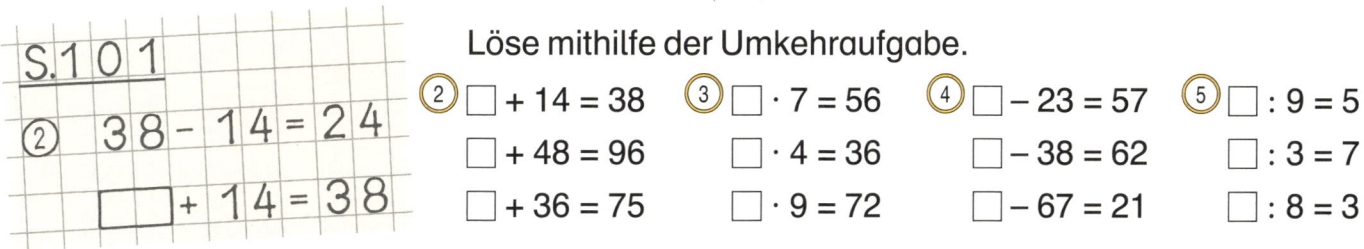

8 · 7   7 · 6   70 – 42   93 – 59   45 : 9   34 + 59   42 : 6   5 · 9   28 + 42   32 – 15   4 · 8   17 + 15   32 : 8   56 : 7

S.101
② 38 – 14 = 24
☐ + 14 = 38

Löse mithilfe der Umkehraufgabe.

② ☐ + 14 = 38   ③ ☐ · 7 = 56   ④ ☐ – 23 = 57   ⑤ ☐ : 9 = 5
☐ + 48 = 96   ☐ · 4 = 36   ☐ – 38 = 62   ☐ : 3 = 7
☐ + 36 = 75   ☐ · 9 = 72   ☐ – 67 = 21   ☐ : 8 = 3

⑥ Bettina denkt sich eine Zahl. Sie addiert zuerst 15, dividiert durch 4, multipliziert mit 8, subtrahiert 20 und erhält 60.

addieren plus +
subtrahieren minus –
dividieren durch :
multiplizieren mal ·

⑦ Silvan denkt sich eine Zahl. Er dividiert sie durch 7, addiert 30, subtrahiert 27, multipliziert mit 5 und erhält 45.

⑧ Jan denkt sich eine Zahl. Er subtrahiert 6, multipliziert mit 4, addiert 5, dividiert durch 7 und erhält 3.

⑨ Fini denkt sich eine Zahl. Sie multipliziert sie mit 9, subtrahiert 33, dividiert durch 6, addiert 42 und erhält 50.

Finde jeweils die Regel.

⑩ 36 · 9 · 2 · 3

⑪
	7	5
		20
3	21	
	14		6
			3

⑫
	7		11
18	25		
13		22	
		58	
			99

⑬ 10 · 60 · 30 · 100

⑭ 4 · 12 · 7 · 3 · 8 · 8 · 16 · 5 · 6 · 36

⑮ 64 · 8 · 2 · 2 · 4

⑯ 50 · 24 · 12 · 9

⑰ 40 · 40 · 18 · 22 · 10 · 6 · 15 · 23 · 37 · 12

101

Auf der Tafel:

S. 102

① 6 · □ < 40

□ = 0, 1, 2, 3, 4, 5, 6

Finde alle passenden Lösungszahlen.

① 6 · □ < 40   ⑤ 28 + □ < 34   ⑨ 35 − □ > 29   ⑬ 37 > □ + 32   ⑰ 84 < 88 − □

② 8 · □ < 30   ⑥ 76 + □ < 80   ⑩ 47 − □ > 39   ⑭ 85 > □ + 77   ⑱ 91 < 99 − □

③ 5 · □ < 50   ⑦ 47 + □ < 55   ⑪ 56 − □ > 45   ⑮ 49 > □ + 42   ⑲ 17 < 30 − □

④ 4 · □ < 30   ⑧ 32 + □ < 41   ⑫ 62 − □ > 57   ⑯ 94 > □ + 88   ⑳ 26 < 35 − □

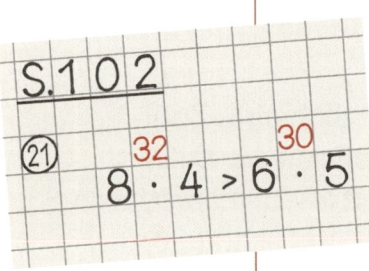

S. 102

㉑   32   30

8 · 4 > 6 · 5

Setze das passende Zeichen ein: >, <, =.

㉑ 8 · 4 ◯ 6 · 5   ㉒ 24 + 17 ◯ 4 · 10   ㉓ 48 : 8 ◯ 56 − 42

6 · 3 ◯ 2 · 9   67 + 14 ◯ 9 · 9   54 : 6 ◯ 74 − 68

7 · 6 ◯ 5 · 9   52 + 29 ◯ 8 · 9   35 : 5 ◯ 42 − 35

2 · 8 ◯ 3 · 7   18 + 36 ◯ 7 · 8   63 : 9 ◯ 63 − 57

Welche Kärtchen passen jeweils in die leeren Felder?
Schreibe alle Lösungen auf.

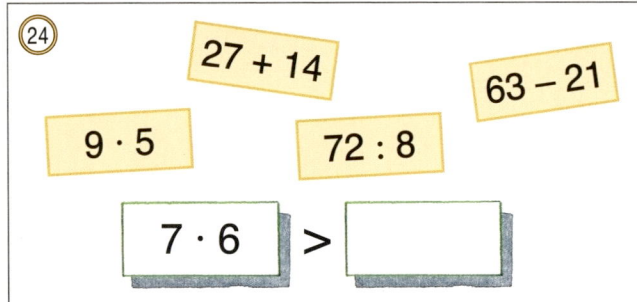

㉔ 27 + 14   63 − 21   9 · 5   72 : 8

7 · 6 > ▢

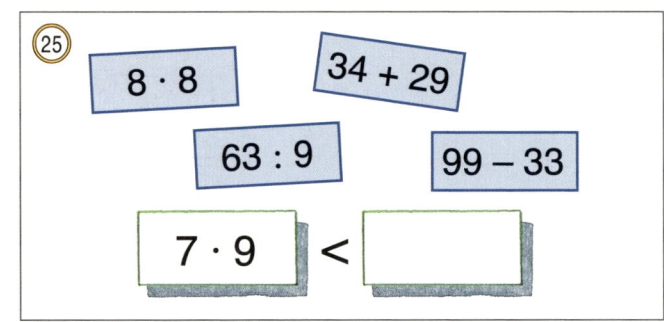

㉕ 8 · 8   34 + 29   63 : 9   99 − 33

7 · 9 < ▢

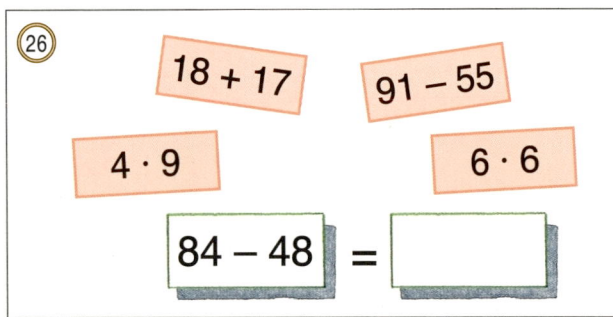

㉖ 18 + 17   91 − 55   4 · 9   6 · 6

84 − 48 = ▢

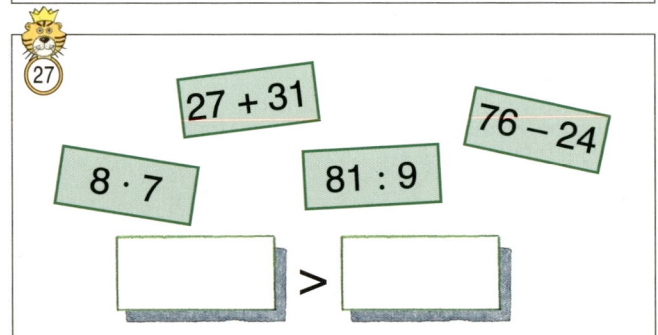

㉗ 27 + 31   76 − 24   8 · 7   81 : 9

▢ > ▢

Geldbeträge umwandeln

2 Zehneuroscheine
3 Fünfeuroscheine
4 Fünfzigcentstücke

1 Zehneuroschein
8 Zweieurostücke
1 Fünfzigcentstück
6 Zwanzigcentstücke
3 Fünfcentstücke

5 Fünfeuroscheine
9 Eineurostücke
3 Fünfzigcentstücke
7 Zehncentstücke
4 Zweicentstücke

① Sarah, Niklas und Alina haben aufgeschrieben, wie viel Geld sich in ihren Sparbüchsen befindet. Wie viel Geld haben die Kinder jeweils gespart? Denke daran: 100 ct = 1 €.

S.103

① Sarah:

2 · 10 € =

3 · 5 € =

4 · 50 ct =

S.103

② 150 ct = 1 € 50 ct

200 ct =

Wandle um in Euro und Cent.

②	③	④
150 ct	880 ct	222 ct
200 ct	125 ct	505 ct
320 ct	199 ct	490 ct

Wandle um in Cent.

⑤	⑥	⑦
3 €	2 € 30 ct	7 € 70 ct
8 €	4 € 40 ct	5 € 20 ct
10 €	6 € 10 ct	1 € 90 ct

Rechne aus und wandle in Euro um.

S.103

⑧ 40 ct + 70 ct = 110 ct

110 ct = 1 € 10 ct

⑧	⑩
40 ct + 70 ct	1 € 90 ct + 45 ct
50 ct + 80 ct	3 € 70 ct + 69 ct
70 ct + 30 ct	5 € 40 ct + 52 ct
90 ct + 60 ct	8 € 20 ct + 81 ct

⑨	⑪	⑫	⑬
39 ct + 81 ct	25 € + 7 € 50 ct	3 € 50 ct − 1 €	2 € 50 ct − 60 ct
56 ct + 74 ct	56 € + 12 € 80 ct	5 € 20 ct − 3 €	5 € 30 ct − 70 ct
88 ct + 32 ct	41 € + 36 € 10 ct	7 € 80 ct − 2 €	8 € 10 ct − 40 ct
27 ct + 73 ct	95 € + 4 € 99 ct	9 € 50 ct − 6 €	10 € 40 ct − 90 ct

⑭ Katrin, Sven und Urs haben zusammen 12 €. Katrin hat einen Euro mehr als Urs, Sven hat einen Euro weniger als Urs. Wie viel Geld hat jedes Kind?

⑮ Elena hat 6 Euro, Lucas hat 5 € mehr als Elena. Henri hat 3 € weniger als Lucas. Lena hat doppelt so viel Geld wie Henri. Wie viel Geld haben die vier Kinder zusammen?

Im Vergnügungspark

Vergnügungspark Preisübersicht	1 Fahrt	5 Fahrten
Kettenkarussell	1,20 €	5.– €
Achterbahn	3.– €	12.– €
Wildwasserbahn	2,50 €	10.– €
Riesenrad	2.– €	8.– €
Autoskooter	1.50 €	6.– €

① Gabi fährt zweimal Kettenkarussell und fünfmal Achterbahn.

② Claudio und sein Freund fahren zweimal mit der Wildwasserbahn und dreimal mit dem Riesenrad.

③ Frank hat 10 €. Er möchte sooft wie möglich mit dem Kettenkarussell fahren.

④ Angelika ist viermal mit derselben Attraktion gefahren. Für 1 € hat sie noch ein Eis gekauft. Insgesamt hat sie 13 € ausgegeben.

⑤ Von 9 Uhr bis 10 Uhr fuhren 37 Personen mit dem Riesenrad. Von 10 Uhr bis 11 Uhr waren es 14 Personen mehr.

⑥ Von 13 Uhr bis 14 Uhr fuhren 92 Personen mit der Wildwasserbahn. Von 15 Uhr bis 16 Uhr waren es nur 68 Personen.

⑦ Ein Turnverein besuchte den Park. Um 8 Uhr fuhren sie an der Tankstelle los. Die Fahrt zum Park dauerte 30 Minuten, die Rückfahrt ebenso lange. Die Gruppe hielt sich 6 Stunden im Park auf.

Ein Schild mit der Aufschrift:

Wildwasser-bahn

Eingang

Imbiss

Pommes	2,00 €
Wurst mit Brot	2,20 €
Hamburger	2,50 €
Eis	1,00 €

Erfrischungs-getränke 1,50 €

---

⑧ Eine Jugendgruppe fuhr um 9 Uhr bei der Kirche ab. Um 16 Uhr war die Gruppe wieder zurück. Im Park hielten sie sich 5 h 30 min auf.

⑨ Bärbel isst Pommes und eine Wurst. Dazu trinkt sie eine Limo.

⑩ Paul gibt genau 5 € für Essen und Trinken aus.

⑪ Janina hat 15 € dabei. Sie hat ein Getränk und ein Eis gekauft. Zweimal fährt sie mit dem Riesenrad und zweimal mit dem Kettenkarussell.

⑫ Beim Autoskooter fahren 14 Autos. In jedes Auto passen 2 Personen.

⑬ Auf der Achterbahn fahren 8 Wagen. In jedem Wagen können höchstens 6 Personen mitfahren.

⑭ Bei der Wildwasserbahn stehen 45 Personen vor dem Eingang. In jedes Boot passen 5 Personen.

⑮ In einer Gondel beim Riesenrad haben 4 Personen Platz. 34 Personen wollen mitfahren.

⑯ Erfinde eigene Aufgaben.

8

① Ordne die Flächen nach der Größe.

Ⓐ 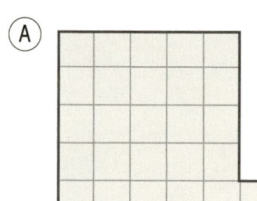 Ⓑ 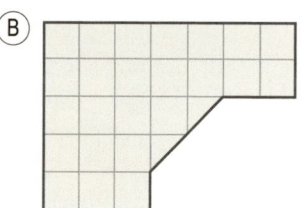 Ⓒ 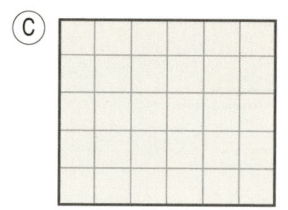 Ⓓ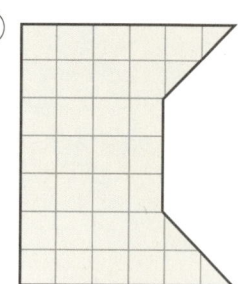

② Zeichne die Flächen in dein Heft. Färbe die Hälfte jeder Figur.

③ Zeichne Rechtecke und ein Quadrat mit jeweils 16 Heftkästchen.

Finde die Rechenregel.

④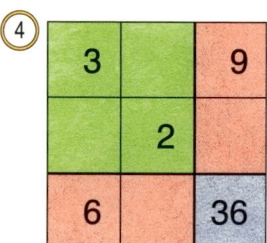

⑤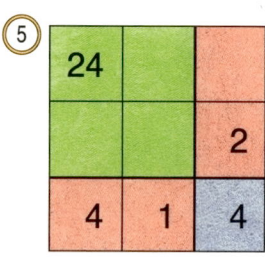

Gleiches Zeichen bedeutet gleiche Zahl.

⑥ · = 64

64 : =

⑦ + = 24

 : = △

Finde Nachbaraufgaben.

⑧ 6 · 6 =

☐ · 6 = 42

☐ · 6 = 48

⑨ 9 · 9 =

☐ · 9 = 72

☐ · 9 = 63

Kontrolliere mit der Umkehraufgabe.

⑩	⑪	⑫	⑬
45 : 5 =	9 · 6 =	39 + 28 =	82 − 37 =
32 : 4 =	8 · 7 =	57 + 35 =	97 − 48 =
24 : 3 =	4 · 8 =	16 + 66 =	71 − 17 =
18 : 2 =	9 · 9 =	44 + 29 =	65 − 56 =

Vergiss die Kontrolle nicht.

⑭ 87 : 10 =   54 : 8 =   47 : 6 =   78 : 9 =

43 : 5 =   28 : 4 =   25 : 3 =   48 : 7 =

Finde alle passenden Lösungszahlen.

⑮	⑯	⑰
7 · ☐ < 40	24 + ☐ < 33	12 : ☐ > 1
3 · ☐ < 20	58 + ☐ < 61	24 : ☐ > 2
6 · ☐ < 50	89 + ☐ < 95	30 : ☐ > 1
9 · ☐ < 30	61 + ☐ < 70	20 : ☐ > 1

⑱ Beim Sportfest werden 9 Gruppen gebildet. In jeder Gruppe sind 8 Kinder.

⑲ Am Völkerballturnier nehmen 35 Kinder teil. In jeder Mannschaft spielen 7 Kinder.

 ⑳ Es werden 5 Mannschaften gebildet. Wie viele Spiele müssen gespielt werden, wenn jede der 5 Mannschaften gegen jede andere spielen soll?

Ergänze die fehlenden Angaben.

(21) 10.30 Uhr $\xrightarrow{\text{3 h 30 min}}$ ☐ Uhr

(23) 8 Uhr $\xrightarrow{\text{☐ h ☐ min}}$ 12.30 Uhr

(22) 14.45 Uhr $\xrightarrow{\text{5 h 45 min}}$ ☐ Uhr

(24) ☐ $\xrightarrow{\text{2 h 30 min}}$ 19.00 Uhr

(25) Das Sportfest begann um 9 Uhr und dauerte 4 Stunden. 15 min nach dem Ende war Sven zu Hause.

(26) Samantha ist um 17 Uhr vom Training wieder zu Hause. Das Training dauerte 90 min und für den Weg brauchte sie jeweils 10 min.

Welche Kärtchen passen jeweils?

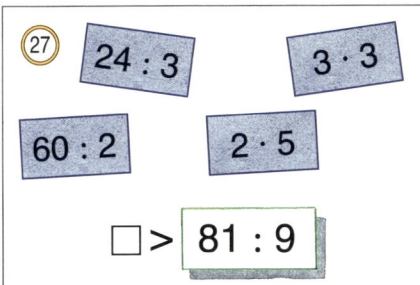

(27) 24 : 3   3 · 3
60 : 2   2 · 5
☐ > 81 : 9

(28) 9 · 6   7 · 8
5 · 9   6 · 10
17 + 38 < ☐

(29) 6 · 6   7 · 5
17 + 19   42 − 5
9 · 4 = ☐

(30) Miss die Gesamtlänge der Strecken.

A

B

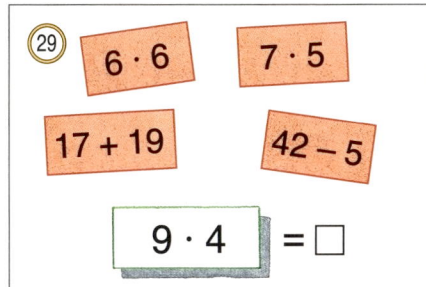

Zeichne Strecken, Quadrate oder Rechtecke.

(31) a = 4 cm + 2 cm 5 mm + 5 cm + 3 cm

(32) b = 1 cm + 2 cm + 3 cm + 4 cm

(33) Seitenlänge 6 cm

(34) Seitenlänge 3 cm 5 mm

(35) Länge 5 cm, Breite 3 cm

(36) Länge 6 cm 5 mm, Breite 4 cm

(37) Die 27 Kinder der Klasse 2a möchten im nächsten Schuljahr an Vierer-Gruppentischen sitzen.

(38) Die 26 Kinder der Klasse 2b möchten im nächsten Schuljahr an Sechser-Gruppentischen sitzen.

(39) Die Grundschule Weizen ist 28 m lang. Die Grundschule Beuren ist um die Hälfte länger.

(40) Max, Anna und Paul kaufen sich ein Spiel für 24 €. Max zahlt die Hälfte, Anna und Paul teilen sich den Rest.

(41) Wie viele Quadrate, Rechtecke und Dreiecke findest du?

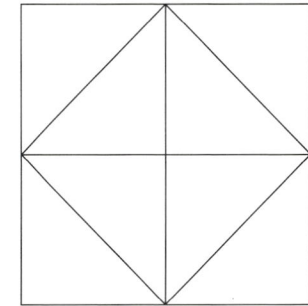

Kennst du den Spruch: „… *das macht nach Adam Riese …*"?

Vor fast 500 Jahren lebte in der Stadt Annaberg/Sachsen ein Mann namens Adam Ries. Damals war es keine Pflicht in die Schule zu gehen. Deshalb konnten auch viele Erwachsene weder lesen noch rechnen. Adam Ries gründete eine Rechenschule und brachte den Leuten bei, wie sie mit großen Zahlen rechnen konnten. Dazu verwendete er „Rechenpfennige" und ein Rechenbrett (Abakus). Adam Ries war ein sehr erfolgreicher Rechenlehrer, der auch Bücher über seine Rechenkünste schrieb.

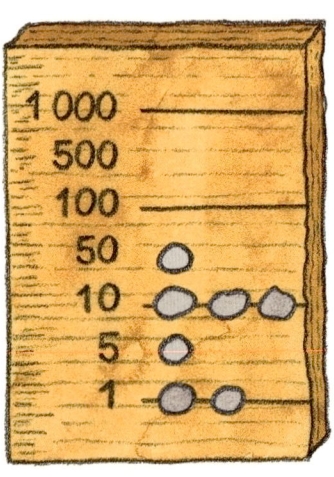

Auf dem Rechenbrett von Adam Ries gibt es vier Linien mit den Werten 1, 10, 100 und 1 000, und es gibt drei Zwischenräume mit den Werten 5, 50 und 500.

Regeln

- Auf einer Linie dürfen höchstens 4 Rechenpfennige liegen.
- In einem Zwischenraum darf höchstens ein Rechenpfennig liegen.

Beispiel: 50 + 30 + 5 + 2 = 87

Wie heißen diese Zahlen? Schreibe jeweils eine Gleichung auf.

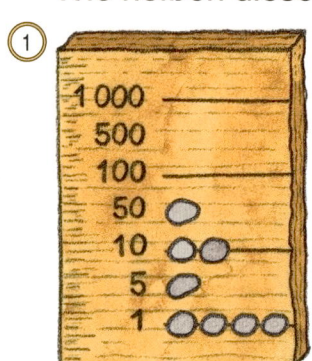

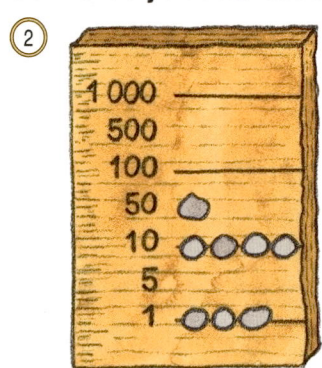

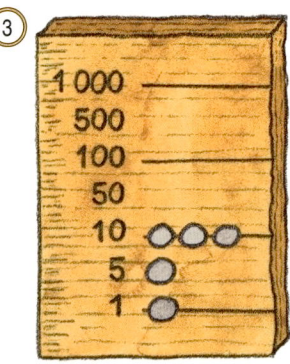

Lege auf dem Rechenbrett mit den Plättchen von Beilage 7 diese Zahlen. Beachte die Regeln.

④ 30   ⑥ 90   ⑧ 47   ⑩ 51   ⑫ 120   ⑭ 146

⑤ 80   ⑦ 100   ⑨ 39   ⑪ 99   ⑬ 160   ⑮ 189

Anleitung zum Addieren wie bei Adam Ries

Beispiel: 37 + 41 =

- **Lege in die erste Spalte die erste Zahl mit Rechenpfennigen.**

  Lege die Zahl 37 in die erste Spalte.

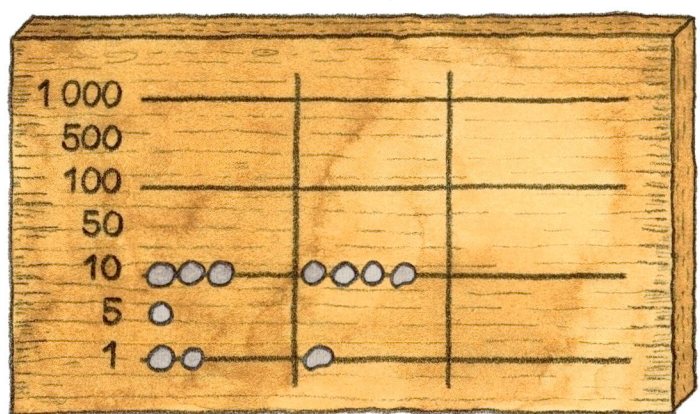

- **Lege in die zweite Spalte die zweite Zahl mit Rechenpfennigen.**

  Lege die Zahl 41 in die zweite Spalte.

- **Schiebe alle Rechenpfennige in die dritte Spalte.**

  Auf dem Zehnerstrich liegen 7 Pfennige, im 5er-Zwischenraum liegt ein Pfennig. Auf dem Einerstrich liegen 3 Pfennige.

- **Wechsle um, wenn die Regeln von Seite 108 nicht eingehalten sind.**

  Wechsle 5 Zehner-Pfennige in einen 50er-Pfennig um.

- **Lies die Summe ab.**

  50 + 20 + 5 + 3 = 78
  Ergebnis: 37 + 41 = 78

Rechnen wie in alten Zeiten – addieren

Lege die Rechnungen auf dem Rechenbrett nach.
Benutze als Rechenpfennige die Plättchen von Beilage 7.
Schreibe zuerst die Aufgabe auf.
Löse sie dann auf dem Rechenbrett und notiere die Lösung.

①

②

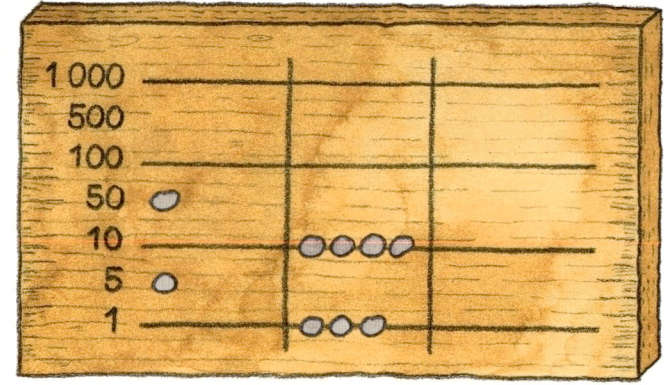

③

④

⑤

⑥

Addiere auf dem Rechenbrett.
Schreibe nur die Lösungen auf.

⑦ 26 + 22 =   ⑧ 54 + 28 =   ⑨ 46 + 38 =   ⑩ 67 + 51 =   ⑪ 48 + 59 =

27 + 19 =   72 + 27 =   39 + 54 =   45 + 75 =   61 + 45 =

34 + 23 =   36 + 44 =   31 + 69 =   89 + 33 =   56 + 67 =

13 + 56 =   53 + 32 =   27 + 65 =   94 + 26 =   73 + 74 =

Übertrage die Rechenquadrate ins Heft. Finde die Rechenregel und die fehlenden Zahlen.

S.111

⑤ $6 \cdot 9 = 54$ $14 + 40 = 54$

⑤ Immer zwei Aufgaben haben dasselbe Ergebnis.

| 40 : 8 | 6 · 9 | 14 + 40 | 4 · 5 | 3 · 3 | 25 : 5 |

| 24 : 6 | 54 : 6 | 28 : 4 | 97 – 77 | 49 – 42 | 3 · 2 |

| 69 – 63 | | | | | 38 – 34 |

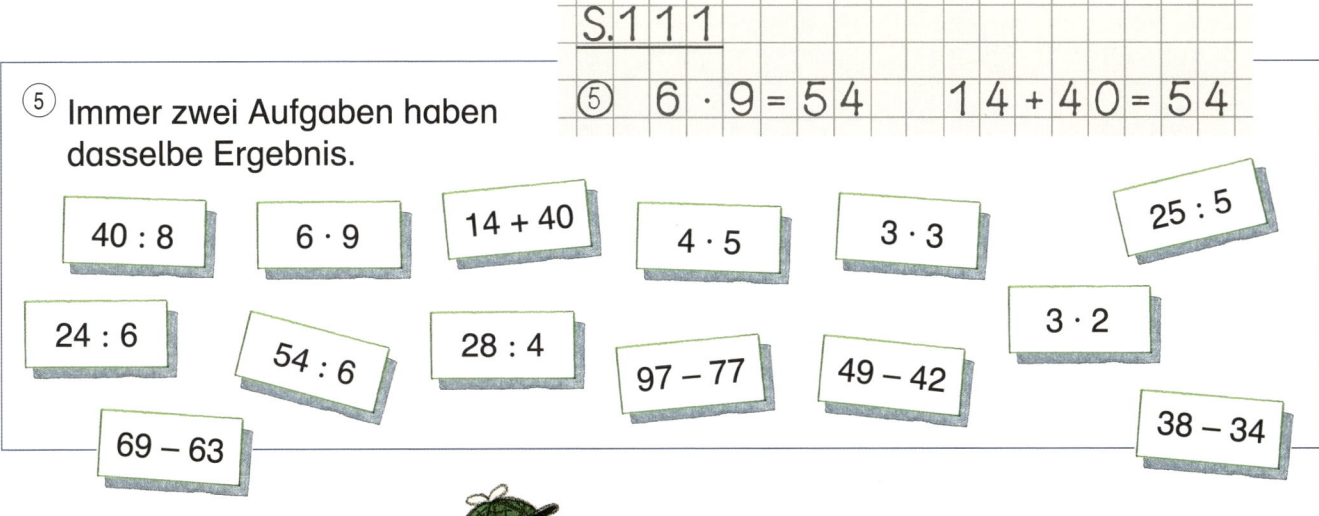

Setze für die Buchstaben die Zahlen so ein, dass die Rechnungen stimmen. Verwende dabei jede Zahl genau einmal.

⑥ 24, 25, 26, 27, 50, 52

$a + b = c$
$d - e = f$

⑦ 2, 2, 3, 6, 6, 12

$g : h = i$
$j : k = l$

⑧ 0, 0, 1, 3, 3, 9

$m \cdot n = o$
$p \cdot q = r$

Bei jeder Aufgabe: Gleiches Zeichen – gleiche Zahl.

⑨

⑩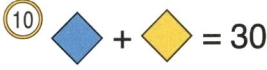

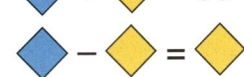

⑪

⑫

⑬

⑭

Spielfeld mit den Zahlenfeldern:

92 · 93 · D · 95 · 96 · 97 · S · S · 100 · 101 · ZIEL

91 · M · 88 · A · 86 · 85 · S · 83 · D · 81 · 80

90 · S · 69 · 71 · D · 73 · 74 · 75 · A · 77 · 78 · 79

D · M · 66 · 65 · 64 · A · 62 · 61 · D · 59 · 58 · 57

46 · S · 48 · A · 50 · D · 52 · 53 · 54 · S · 56

45 · 44 · 43 · 42 · A · 40 · S · 38 · 37 · D · 35 · 34

22 · 23 · D · 25 · 26 · 27 · 28 · M · 30 · S · 32 · A

S · 20 · 19 · D · 17 · A · 15 · 14 · 13 · D · 11 · 10

START · 1 · 2 · 3 · 4 · M · 6 · S · 8 · A

SPIELREGEL

- 2 bis 4 Spieler, ein Setzer pro Spieler
- ein 6er-Würfel zum Fahren
- zwei 10er-Würfel zum Rechnen

M heißt **Multiplikation**: Würfle mit den beiden 10er-Würfeln und multipliziere die Zahlen. Gehe zu der Ergebniszahl.

D heißt **Division**: Würfle mit einem 10er-Würfel. Dividiere die Zahl, auf der du stehst, durch die gewürfelte Zahl. Bleibt ein Rest, musst du um den Rest zurückgehen (bei 0 nochmals würfeln).

A heißt **Addition**: Würfle mit den beiden 10er-Würfeln. Addiere die beiden Zahlen und addiere die Summe zu der Zahl, auf der du stehst.

S heißt **Subtraktion**: Würfle mit den beiden 10er-Würfeln. Subtrahiere die beiden Zahlen von der Zahl, auf der du stehst.